Comida para el embarazo

Comida para el embarazo

Sophie Braimbridge
Jenny Copeland

Fotografía de Deirdre Rooney

Grupo Editorial Tomo, S.A. de C.V.
Nicolás San Juan 1043
03100 México, D.F.

Contenido

Comer bien durante el embarazo

Asegurarte de que la dieta que llevas sea saludable es una de las cosas más importantes que puedes hacer por tu bebé. Durante nueve meses, en tu cuerpo suceden los cambios más increíbles para proteger y alimentar a tu bebé. La comida que consumas ahora no sólo ayuda a tu bebé a crecer y desarrollarse, sino que moldea tu cuerpo, te ayuda a mantenerte en forma y a evitar o enfrentar los padecimientos que se presenten. Una dieta sana también te da la energía y los nutrientes que necesitas para el nacimiento y la lactancia.

Tu cuerpo tiene requerimientos nutricionales distintos durante cada una de las tres etapas –o trimestres– del embarazo. En las siguientes páginas encontrarás muchos consejos de expertos en cuanto a cómo cambia tu cuerpo durante el embarazo y hábitos alimenticios sanos que nutrirán a tu bebé y a ti. También encontrarás una sección de recetas fáciles y deliciosas, llenas de ingredientes nutritivos que se adecuan a las necesidades de tu cuerpo durante las etapas del embarazo.

Aliméntate bien ahora y no sólo nutrirás a tu bebé mientras se desarrolla, sino que disfrutarás de los beneficios después del nacimiento.

Aprendiendo a comer bien

Además de que es vital llevar una dieta sana y balanceada durante todas las etapas del embarazo, también es importante que comas bien antes de concebir para que tu cuerpo proporcione a tu bebé todos los elementos nutricionales que necesita para su crecimiento. No obstante, quizá sólo necesites hacer cambios pequeños para mejorar tu dieta y no tengas que comer por dos. Cada mujer embarazada comienza con necesidades nutricionales diferentes, depende de su salud, del almacenamiento de nutrientes de su cuerpo, y sus necesidades cambian a medida que progresa el embarazo. Lo más importante es que recuerdes alimentarte regularmente con una variedad de comida sana. Existen algunos alimentos que debes evitar:

* Comer demasiada comida chatarra evita que obtengas todos los nutrientes que necesitas.
* Comer comida grasosa significa que ingieres muchas calorías demasiado rápido, puesto que su contenido energético es extremadamente concentrado.

Al comer alimentos variados y balanceados, mantener con regularidad una actividad suave, descansar bien y relajarte (y no fumar ni beber), te das la oportunidad, y a tu bebé, de gozar de un cuerpo y vida sanos.

La comida que consumes proporciona los nutrientes (o componentes básicos) para ayudar a tu cuerpo a funcionar de manera adecuada. Para que obtengas todos los nutrientes esenciales –carbohidratos, proteínas, grasas, vitaminas y minerales– necesitas obtener el equilibrio adecuado de los grupos de alimentos en tu dieta.

ALIMENTOS RICOS EN CARBOHIDRATOS

Los carbohidratos son un grupo de nutrientes que incluye azúcares, almidones y fibra. Los carbohidratos están compuestos de unidades de azúcares que se descomponen durante la digestión y se convierten en estos azúcares, los cuales son transportados por la sangre para dar al cuerpo la energía esencial para los procesos corporales como el crecimiento, la actividad y el embarazo.

Algunos tipos de comida rica en carbohidratos se digieren más lentamente que otros, lo cual causa una liberación de energía más lenta y gradual. Por ejemplo, avena (hojuelas de avena y muesli), arroz basmati, pasta, derivados de la leche, cereales, frijoles, garbanzos y lentejas, pan con fruta y panes integrales con granos enteros como el pan de centeno. Los platillos basados en estos alimentos ayudan a prevenir que aumenten los niveles de azúcar, lo cual es especialmente importante si padeces diabetes gestacional. No obstante, aunque no tengas altos niveles de azúcar puedes disfrutar de otra clase de alimentos ricos en carbohidratos que se adecuen a tus gustos y preferencias. Quizá descubras que sólo necesitas hacer pequeñas comidas al día durante la última etapa del embarazo, pero es importante que te enfoques en una ingesta regular de granos y cereales para que te proporcionen la fibra, energía y vitaminas del grupo B que requieres. Busca cereales que tengan complemento vitamínico y minerales.

Debido a que los carbohidratos contienen mucha energía deben constituir por lo menos la mitad de tu dieta. En promedio, la mayoría de las mujeres necesita entre 1800-2000kcal (8.10MJ) al día, según su actividad actual y estado de salud, además de otras 300kcal durante los últimos meses del embarazo.

ALIMENTOS RICOS EN PROTEÍNAS

La carne y el pescado, así como sus alternativas vegetarianas, contienen proteínas–aminoácidos esenciales, que son los componentes básicos que reparan y mantienen a todas las células del cuerpo y ayudan a que crezcan las nuevas necesarias durante el embarazo. Son esenciales para la producción de sangre extra y para formar el sistema inmunológico que combate las infecciones en esta importante etapa.

Las proteínas constituyen entre el 10 y el 15% de una dieta normal, con 6g (1/4 oz) al día durante el embarazo.

FRUTAS, VERDURAS Y PRODUCTOS LÁTEOS

Estos alimentos contienen muchos de los minerales y vitaminas esenciales necesarios para mantener la salud y bienestar tuyos y de tu bebé.

VITAMINAS – Existen dos tipos de vitaminas: hidrosolubles (C y complejo B) y liposolubles (A, D, E y K). Las vitaminas hidrosolubles no pueden ser almacenadas en el cuerpo y los alimentos las pierden durante la cocción, de manera que se requiere un complemento regularmente. Si llevas una dieta balanceada que incluye una buena variedad de frutas y verduras, entonces ingieres muchas vitaminas y minerales, por lo que no es necesario tomar complementos a menos que el médico lo indique. Siempre consulta a tu doctor o farmacéutico antes de consumir cualquier tipo de complemento mientras estés embarazada.

* **Vitamina A.** Es necesaria para la formación de ojos y piel sanos al principio del embarazo y también es un antioxidante importante, ayuda a proteger al cuerpo contra muchas enfermedades. Se recomienda una ingesta diaria de 600mcg (750mcg en Australia) y un extra de 100mcg para las embarazadas. Debes evitar una ingesta excesiva de complementos o productos toxico-hepáticos porque pueden dañar al bebé.

Existen dos formas de vitamina A – retinol (se encuentra en alimentos animales como el hígado) y beta-caroteno (se encuentra en alimentos vegetales como la zanahoria). Debido a la gran cantidad de retinol que se da a los animales para alimentarlos, sus hígados pueden contener cantidades dañinas de vitamina A. La ingesta excesiva de vitamina A puede producir ciertos efectos secundarios como pérdida de cabello, dolores de cabeza, daño hepático y óseo. Se cree que durante el embarazo aumenta el riesgo de aborto y defectos de nacimiento.

* Las vitaminas B. Este grupo de vitaminas funciona de manera conjunta e incluye B1 (tiamina), B2 (riboflavina), B3 (ácido nicotínico), folato (ácido fólico), B6 (piridoxina), B12 (cobalamina) y biotina. Son necesarias para la formación del sistema inmunológico y nervioso y para la producción de glóbulos rojos y energía.
* Folato. El folato extra es vital durante el embarazo para la formación de células y tejidos nuevos en la madre y el bebé, por ello se recomienda que las mujeres consuman 400mcg al día durante los tres meses previos a la concepción y durante los tres primeros meses del embarazo. Casi siempre se necesita tomar complementos de ácido fólico porque es difícil adquirirlos sólo de la dieta. Tómalos con otros alimentos ricos en vitamina B.

El folato es necesario para reducir el riesgo de que el bebé nazca con espina bífida y otros defectos importantes durante la etapa en que se forma la espina. También es vital para la formación de glóbulos rojos y para el crecimiento normal del cerebro del bebé.
* Vitamina C. Es importante para la producción de colágeno –una proteína necesaria para piel, huesos y encías sanos y para un sistema inmunológico sano. La vitamina C también aumenta la absorción del hierro de tu dieta. La cantidad diaria recomendada es 40mg con 10mg extra para embarazadas.
* Vitamina D. Es necesaria para la absorción de calcio y, por ende, para el desarrollo de los huesos y dientes de tu bebé.

Se forma principalmente en tu piel después de la exposición a la luz solar.
* Vitamina E. Es necesaria para la formación de células y tejidos durante el principio del embarazo y para el desarrollo de pulmones sanos. No existe ingesta recomendada durante el embarazo, pero una ingesta segura para mujeres encinta es alrededor de 7mg al día. Durante la lactancia se necesitan otros 2.5mg de vitamina E por día.

MINERALES – Necesitamos muchos minerales en cantidades adecuadas para diferentes funciones del cuerpo, como la formación y mantenimiento de huesos y dientes fuertes, un sano crecimiento del sistema inmunológico y para el funcionamiento de muchas vitaminas. Al igual que las vitaminas, algunos minerales se requieren en pequeñas cantidades (microminerales). De manera que al llevar una dieta variada y balanceada debes adquirir las cantidades necesarias. Los importantes son:
* Hierro. Es indispensable para sangre y músculos sanos. El bebé obtiene de tu sangre todo el hierro que necesita, lo cual significa que tu cuerpo debe aumentar la cantidad que produce. Para la mayoría de las mujeres se recomiendan 14.8mg al día y se estima que se requieren 2.6mg extra durante el embarazo.
* Zinc. Es esencial para una sana reproducción y crecimiento y desarrollo normales de tu bebé. El requerimiento de zinc aumenta de 12mg al día para todas las mujeres a 15-16mg para embarazadas.

* Calcio. Es un mineral importante para la formación de huesos. Durante el último trimestre del embarazo es necesaria una ingesta adecuada de calcio porque los dientes y el esqueleto del bebé están en formación. Las mujeres embarazadas absorben mejor el calcio de los alimentos, de manera que no aumenta la ingesta normal (700mg al día).

* Potasio. Es necesario para células, músculos, para la función cardiaca y muscular y para ayudar a controlar la presión sanguínea. El requerimiento diario de potasio no aumenta del nivel normal (3500mg al día) y se alcanza fácilmente si consumes de 4 a 5 porciones de frutas y verduras todos los días.

* Fósforo. Se necesita para la formación de huesos y dientes, para la producción de energía y la absorción de muchos nutrientes. El requerimiento diario es de 500mg y es suficiente para el embarazo.

* Magnesio. Es esencial para la formación de nervios, músculos, huesos y dientes. Ayuda a prevenir calambres musculares y la náusea por las mañanas, se requieren 270mg al día.

* Manganeso. Es necesario para el sistema antioxidante, para el metabolismo normal de grasas y carbohidratos y para la función cerebral. (1.4mg diarios).

* Selenio. Es un mineral antioxidante que protege del daño a las células y es necesario para la reproducción (es particularmente útil antes de concebir). Se requieren 6mcg al día.

(Ver ejemplos de alimentos que contienen estos minerales en las páginas 28-42).

AGUA

Necesitamos ingerir 2.5 litros (4 ½ pintas) de líquido, de los cuales 1.8 litros (3 ¼ pintas) debe ser agua –aproximadamente 8 vasos diarios. Para la mitad del embarazo debes beber de 6 a 8 vasos extra al día. Evita las bebidas deshidratantes como el té y el café –son mejores el agua y los jugos de fruta diluidos.

GRASAS

Los tipos principales de grasas son las saturadas y las no-saturadas (que incluyen las poli no-saturadas y las mono no-saturadas). Las mujeres embarazadas no necesitan más de lo normal, pero deben consumir un equilibrio sano de grasas incluyendo las esenciales omega-3. Que tu ingesta de grasas saturadas sea mínima y consume diferentes nueces y semillas, huevos y pescados ricos en grasa como sardinas, atún y salmón.

UNA DIETA BALANCEADA	
GRUPO DE ALIMENTOS	UNA PORCIÓN PROMEDIO ES
Cereales como pan, papa y cereales *Por lo menos seis porciones diarias*	* 1 rebanada de pan de caja * 1 pan o bollo pequeño * 2 papas chicas o 1 grande * 30g (2 cucharadas copeteadas) de arroz cocido * 45g (3 cucharadas copeteadas) de pasta cocida * 1 tazón de cereal, muesli o avena
Frutas y verduras *Por lo menos cinco porciones diarias*	* 15g (1 cucharada copeteada) de verduras cocidas * Ensalada * 1 pieza de fruta * 1 tazón de fresas o ensalada * 1 vaso pequeño de jugo de fruta
Productos lácteos o alternativos *Tres porciones diarias*	* 1 vaso mediano de leche * Yogurt (envase chico) * Queso cottage (envase chico) * 25-50g (1-2oz) de queso –un cuadro pequeño * 1 cartón mediano de fromage frais*

Proteínas como carne, pescado, huevo y
  productos vegetarianos
Dos porciones diarias
	* 2 huevos
	* 75-100g (3-4oz) de carne de cerdo, cordero, pollo
	  o pescado, magra
	* 75g (5 cucharadas) de frijoles cocidos
	* 60g (4 cucharadas) de lentejas, frijoles bayos o
	  garbanzos, cocidos
	* 30g (2 cucharadas) de nueces
	* 100g (4-2oz) de quorn*, queso de soya o verduras
	  de textura vegetal

Grasas
Una o dos porciones diarias
	* 5g (1 cucharadita) de margarina o aceite vegetal o
	  10g (2 cucharaditas) de aceite en aerosol bajo en grasa
	* 1 porción de 100g (4oz) de pescado como salón,
	  atún o sardina
	* 15g (1 cucharada) de nueces o semillas
	* 5-10g (1-2oz) de aceite de oliva o linaza

Agua/líquidos *8-10 vasos diarios*	* 1 vaso grande

* Estos alimentos se consiguen en tiendas gourmet o especializadas.

Necesidades nutricionales pre-conceptuales

Tan pronto decides que quieres tener un bebé, una de tus prioridades debe ser llevar una dieta y estilo de vida sanos. Comienza por lo menos tres meses antes de intentar concebir, para dar a tu cuerpo la oportunidad de almacenar vitaminas esenciales, como ácido fólico, y eliminar las toxinas, como la cafeína.

INGESTA DE ÁCIDO FÓLICO

La falta de ácido fólico o folato, del grupo de las vitaminas B, a un nivel crítico en la formación del bebé, si se presenta junto con una tendencia genética, ocasiona el defecto de nacimiento espina bífida. Por esa razón se aconseja a las mujeres que quieren tener una familia, que tomen diariamente 400mcg de complemento de ácido fólico durante tres meses antes y después de la concepción junto con alimentos ricos en ácido fólico.

SUSTANCIAS A EVITAR

Las últimas evidencias científicas sugieren que para tener mayores posibilidades de dar a luz a un bebé sano debes evitar el alcohol y las bebidas con cafeína.

ALCOHOL – Una cantidad excesiva de alcohol ingerida por cualquiera de los padres puede evitar que conciban y también disminuye los niveles de ácido fólico de tu cuerpo. (Asimismo reduce la absorción de vitaminas y minerales importantes como el zinc). Las mujeres embarazadas o que intentan concebir deben limitar la ingesta a una unidad por día, equivalente a una copa de vino, media pinta de cerveza o una medida de licor. Los expertos sugieren que no consumas alcohol.

BEBIDAS CON CAFEÍNA – El té, café, chocolate caliente y algunos refrescos, como los de cola, proporcionan poca energía –muy pocos contienen vitaminas y minerales– y evitan que consumas alimentos y bebidas saludables. Beber más de 4 ó 5 bebidas con cafeína al día durante el embarazo se asocia al riesgo de aborto o de bajo peso al nacer. Intenta reducir el consumo a una o dos bebidas con cafeína al día o no las consumas.

Existen muchas otras opciones. Un licuado de frutas hecho en casa y té de hierbas, frutas o jengibre en el trabajo.

Primer trimestre – de la semana 1 a la 12

El principio de tu embarazo, desde el momento en que tu bebé es concebido hasta que comienza a verse, es cuando suceden los cambios más rápidos y estos cambios requieren nutrientes específicos en ciertos momentos.

Desde el momento en que quedas embarazada, tu cuerpo y tus órganos vitales se involucran en el crecimiento y nutrición del bebé. En particular tu corazón, pulmones, vasos sanguíneos, senos, sistema digestivo, riñones, ligamentos, piel y sistema hormonal experimentan estos cambios.

Durante el embarazo, tu peso aumenta de 11 a 15kg (25-35lb) a medida que tu bebé y tú aumentan de talla. Tu útero, que comienza del tamaño y forma de una pera de 60g (2oz), crece más grande que una sandía y pesa 1kg (2lb). La placenta estará formada por vasos sanguíneos nuevos y fibras musculares –el cordón umbilical de tu bebé– y produces 1.25l (2 ¼ pintas) de sangre; para hacerlo, tu cuer-

po necesita producir más glóbulos rojos. Tus riñones crecen para manejar los productos de desecho resultado del metabolismo de tu bebé. Para el final de tu embarazo tienes 6l (10 ½ pintas) más de líquido. No es sorprendente que tu corazón trabaje más fuerte, bombea 7l (12 pintas) de sangre por minuto, en lugar de los 5l (8 ½ pintas) de siempre.

También se dan cambios en tu tracto gastrointestinal, el cual disminuye la velocidad para que absorbas más eficientemente los alimentos y así obtengas la mayor cantidad de energía y nutrientes. Con todos estos cambios es posible que te sientas cansada, con náusea y los senos doloridos.

EL DESARROLLO DEL BEBÉ

Para la cuarta semana después de la concepción, el cigoto fertilizado está alojado en las paredes del útero, lo cual hace que estés embarazada biológicamente y comience el rápido crecimiento de una nueva vida. Una o dos semanas después comienzan a formarse los órganos principales del bebé y su corazón empieza a latir. Se forma la espina dorsal y el sistema nervioso comienza a mandar mensajes para permitir los primeros movimientos del bebé. Durante las siguientes dos semanas se forma el cordón umbilical y transporta los nutrientes directamente desde tu torrente sanguíneo al de tu bebé.

* **Para la décima semana** están formadas las estructuras principales de los órganos internos de tu bebé, como el corazón, cerebro, pulmones, riñones, hígado, in-

testinos y órganos sexuales. También se forma una cara con ojos, boca y lengua. De pies a cabeza, tu bebé mide 22mm (casi 1in).

LOS CAMBIOS EN TU CUERPO

Uno de los primeros síntomas que notas al principio del embarazo es que cada vez te sientes más cansada. Es el resultado normal de todos los cambios que suceden en tu cuerpo.

* Para la sexta semana los niveles hormonales, como el de la progesterona y el estrógeno, aumentan de manera rápida y el resultado es que te dé náusea o que pierdas el gusto por ciertos alimentos. Notas cambios en los senos, puesto que comienzan a crecer y están más sensibles.

TIPS DE ALIMENTACIÓN

Es importante que continúes con los complementos de ácido fólico que comenzaste a tomar antes de concebir. El ácido fólico es esencial para los nervios y espina dorsal de tu bebé. Consume alimentos ricos en ácido fólico como el brócoli y las verduras de hoja verde. Evita el alcohol y los alimentos "de riesgo" porque tu bebé es sensible a los gérmenes y toxinas.

Consume con regularidad alimentos nutritivos ricos en carbohidratos, como pan, pasta y cereales, para que combatas el cansancio y obtengas nutrientes importantes. Es bueno que comas pescados como sardina, atún o salmón, los cuales contienen grasas esenciales necesarias para la formación del cerebro del bebé. El yogurt y las bebidas con base de leche pueden ayudarte a que te sientas mejor. También aumentan la ingesta de calcio y vitamina D, necesarios para que se forme el esqueleto del bebé. Si consumes regularmente alimentos ligeros puedes evitar la náusea.

* De la octava a la décima semana necesitas más hierro porque tu placenta está formándose. Consume una dieta balanceada y presta especial atención a la ingesta de alimentos ricos en hierro (más información en páginas 28-42).

TUS NECESIDADES NUTRICIONALES Y LAS DE TU BEBÉ

* Los músculos de tu bebé, su sangre y otros tejidos contienen hierro, proteínas, minerales, vitaminas y otros nutrientes esenciales, suministrados a través de tu torrente sanguíneo a partir de los alimentos que consumes. El hierro forma parte esencial de la hemoglobina, el constituyente de los glóbulos rojos que permiten que la sangre lleve oxígeno a todo el cuerpo. Necesitas producir alrededor de un tercio más de sangre que lo normal, el bebé debe crear su propio abastecimiento.

* La placenta constantemente transporta nutrientes a tu bebé; si tu ingesta diaria de nutrientes es baja —en especial del hierro— entonces el bebé los obtiene de tus reservas y es posible que las agote. Por ello es esencial que comas más nutrientes sanos.

segundo trimestre – de la semana 13 a la 27

Comienzas a "presumir" al bebé porque el bulto se hace más grande. A medida que la placenta crece, tus hormonas comienzan a normalizarse de manera que te sientes menos cansada y con menos malestar. Para el grueso de las mujeres es el trimestre más fácil, sin embargo hay retención de líquidos, dolor de espalda y del bajo vientre.

EL DESARROLLO DEL BEBÉ

El bebé crece rápidamente y su cuerpo crece más en proporción a la cabeza. Durante esta fase aumenta 1kg (2.2lb) de peso y mide aproximadamente 30cm (1ft).
* **Para la semana 16,** la nariz y dedos de pies y manos están formados por completo. El bebé tiene el mismo número de células nerviosas que tú y sus huesos comienzan a endurecerse.
* **Para la semana 21,** las glándulas producen vernix caseosa, ésta recubre la piel para protegerla del líquido amniótico que rodea al bebé.

Durante esta etapa, el bebé comienza a reaccionar ante el tacto y se forman las papilas gustativas y los dientes. Los pulmones y el sistema digestivo ya funcionan, pero son inmaduros.
* **Para la semana 27,** tu bebé se mueve mucho. También puede tragar pequeñas cantidades de líquido amniótico, lo cual le provoca hipo.

LOS CAMBIOS EN TU CUERPO

El cambio más notorio en tu cuerpo durante estas semanas es el tamaño, pues tu estómago y tus senos siguen en aumento. Tu peso aumenta 0.5kg (1lb) por semana debido a que el bebé está creciendo igual que la cantidad de sangre, de líquido amniótico, la placenta y un pequeño porcentaje de grasa. Tu apetito aumenta también y los malestares matutinos cesan.

Es posible que se desarrolle tu sentido del gusto y del olfato junto con ansias por comer algo, lo cual afecta tu ingesta y ocasiona que evites ciertos alimentos y tengas antojo de otros. Esto no es problema a menos que evites grupos enteros de alimentos o ansíes alimentos no comestibles. También es útil porque previene que consumas sustancias amargas y potencialmente dañinas. Ten cuidado con los antojos de cosas saladas –aunque no es necesario que evites la sal, no debes consumir demasiada, en especial si tienes presión sanguínea alta o eres propensa a retener líquidos.
* **Para la semana 20** (la mitad del embarazo) estás cada vez más consciente de la compresión de tu bebé contra tu estóma-

go y es posible que experimentes agruras. Sientes mucha hambre pero quedas satisfecha con rapidez.

TIPS DE ALIMENTACIÓN

Debido a que tu bebé está creciendo rápidamente, es importante que comas con regularidad para mantener un abastecimiento constante de energía y nutrientes. Necesitas consumir alimentos ricos en folato, cereales fortificados con folato y grasas omega-3 provenientes de pescados ricos en grasa, como la sardina y el salmón, también semillas, aceites y nueces para ayudar en el crecimiento de los ojos, nervios y cerebro de tu bebé. Las frutas y verduras, ricas en beta-caroteno, ayudan a proteger del daño a las células en formación.

Incluye por lo menos dos porciones al día de alimentos ricos en proteínas porque tu bebé necesita los aminoácidos proporcionados por la leche, pescado, huevos, frijoles y legumbres.

Ciertas hierbas como el cosh (de la familia de las ranunculáceas), el rue, el golden seal, la magarza, el poleo, el sínfito, la manzanilla, el tanaceto y el té de frambuesa, tienen efectos laxantes o provocan la contracción del útero y debes evitarlos. Utiliza buenas marcas de tés herbales y lee el contenido de las etiquetas. Evita el exceso de vitamina A proveniente de complementos y los productos de hígado (ver página 9).

Es indispensable que bebas más agua debido al aumento del volumen de sangre, la necesidad de producir más líquido amniótico y de eliminar los productos de desecho. Toma de 6 a 8 vasos de líquido (agua o jugos de fruta diluidos) extra al día y evita las bebidas con cafeína (ver página 13).

Como resultado de la compresión de tu estómago intenta consumir seis comidas nutritivas y ligeras por día. Aunque tengas antojos, trata de no caer en la tentación de comer alimentos chatarra. Para evitar o aliviar las agruras evita la comida grasosa. Consume mucha carne y pescado magros, ensaladas y platillos con pasta. También elige alimentos con alta densidad de nutrientes como huevo, frijoles y nueces. Los alimentos con almidón como pan tostado, panqué de plátano y pasas son botanas nutritivas.

Tercer trimestre – de la semana 28 a la 40

Es posible que sientas y veas cómo se mueve tu bebé todos los días. Es la temporada en que padeces agruras, estreñimiento e incomodidad. El bebé comienza a prepararse para la labor de parto y el inevitable nacimiento, el cual sucede entre la semana 38 y la 42 (en condiciones normales), y rara vez en la fecha esperada.

EL DESARROLLO DEL BEBÉ

Para la semana 30, los rasgos del bebé están bien definidos y para la semana 34, su cuerpo está perfectamente formado y proporcionado. Sus ojos ya pueden abrirse y cerrarse, tiene cejas y pestañas y el color de los ojos es gris. Es posible que tenga mucho cabello. Sus pulmones maduran rápido para que el bebé respire por primera vez después de nacer. Su cerebro comienza a desarrollar circunvoluciones. Aunque esté dentro de tu vientre, el bebé se da cuenta de lo que sucede y es capaz de reconocer tu voz.

Durante este tiempo, la cabeza del bebé por lo general se acomoda hacia tu cavidad pélvica para prepararse para el nacimiento. El tiempo en el que el bebé voltea la cabeza de tu pecho hacia el canal del parto, varía desde cuatro semanas hasta justo antes del nacimiento (y en algunos casos no sucede).

* **Para la semana 36,** la vernix caseosa desaparece casi por completo, las uñas del bebé llegan hasta la punta de sus dedos y sus ojos son de color azul. Su rostro es suave y aumenta cerca del ocho por ciento del peso total de grasa.

* **Para la semana 36** aumenta aproximadamente 14g (1/2 oz) de grasa al día para enfrentarse a las bajas temperaturas después del nacimiento y alcanza casi su tamaño final.

LOS CAMBIOS EN TU CUERPO

Tu peso sigue en aumento gradual a medida que el bebé crece. Tu abdomen es enorme, lo cual provoca que experimentes algunos de los malestares normales, en particular problemas digestivos.

Es posible que te sientas cansada debido al peso extra que llevas y que se te dificulte moverte. El aumento del volumen de la sangre puede ocasionar que disminuya el recuento de hierro.

TIPS DE ALIMENTACIÓN

Las agruras son un problema común durante el tercer semestre (ver página 24). Se debe a que las hormonas del embarazo relajan el tracto gastrointestinal y a la presión que ejerce el bebé. Comer regularmente alimentos ligeros durante el día, y no tres comidas abundantes, reduce o previene las agruras. Los alimentos bajos en grasa, como cereales, frutas, verduras, carne magra y productos lácteos bajos en grasa, se digieren con mayor facilidad que la comida grasosa y es menos probable que ocasionen agruras. También es bueno evitar la cafeína.

Durante el tercer trimestre debes consumir alimentos ricos en hierro como la carne y las verduras, para tu buena salud y porque el bebé lo necesita ahora y durante los primeros meses de vida si le das pecho.

Es posible que no te guste la idea de cocinar durante las últimas etapas del embarazo, entonces es bueno tener a la mano botana nutritiva y rica en energía como plátanos, frutas secas y nueces, sándwiches y bebidas con hielo licuado (o smoothies, ver páginas 48-49). Si preparaste comida y la congelaste con anticipación, asegúrate de calentarla bien para evitar contaminación por bacterias que te dañen o afecten al bebé (ver páginas 20-21).

Puedes tener problemas para dormir debido al sobrepeso que llevas. Si te sucede, consume alimentos ricos en proteínas como bebidas preparadas con leche, sándwiches de pollo y cereales con leche una hora antes de irte a la cama porque inducen el sueño.

COMIDA PARA EL PARTO

> * Los alimentos que liberan energía te ayudan a evitar el cansancio y la deshidratación durante el parto y te dan energía necesaria para continuar. La vitamina K, que se encuentra en el brócoli, espinacas, frijoles, berros, aguacates, col y coliflor, es necesaria para la coagulación de la sangre, para evitar hemorragias y ayudar a sanar después del parto. El zinc es importante para la producción de hormonas y la sanación después del parto. A continuación te damos consejos para antes y durante el parto.
>
> * Antes del parto come muchos alimentos ricos en carbohidratos para aumentar tus reservas de energía (como papas, camote, zanahorias, pasta, productos integrales, pan, arroz y cereales).
>
> * Lleva muchas botanas en tu maleta –también líquidos sin gas (como agua embotellada), frutas secas y nueces mixtas, papas sin sal, cereales, yogurt y barras de muesli y frutas.
>
> * Come frecuentemente botanas ligeras y ricas en carbohidratos durante el parto para mantener tu nivel de azúcar en la sangre –como plátano, barras de cereal, sándwiches, fruta y pan– o consume bebidas hidratantes.

Comida sin riesgos durante el embarazo

La placenta mantiene a casi todos los gérmenes lejos de tu bebé. Existen algunos gérmenes relacionados a la comida que dañan la salud del bebé y la tuya, de manera que es importante que seas muy cautelosa en cuanto a la higiene cuando prepares la comida.

LISTERIOSIS

Es una enfermedad causada por el germen de la listeria y se vuelve un problema si la infección se contagia de una mujer embarazada a su bebé. Entre los síntomas se encuentra un ataque parecido al de la gripa con dolores, aumento de temperatura y dolor de garganta. Si el bebé se contagia de la infección, existe la posibilidad de aborto, parto prematuro o enfermedades graves en el recién nacido. Se diagnostica por medio de un examen de orina o de sangre, y si se trata pronto con antibióticos se reduce el riesgo de que afecte al bebé. Es una enfermedad poco común hoy en día.

El germen de la listeria se encuentra en la tierra y en la vegetación, algunas veces contamina ciertos alimentos. La única manera de contagiarte es que consumas alimentos que contengan el germen. La listeria crece lentamente en refrigeración, por lo que debes lavar muy bien los alimentos crudos y sólo comerlos bien cocidos o recalentados.

SALMONELLA

Esta bacteria es causa común de intoxicación por alimentos. Provoca vómitos severos, diarrea, temperatura alta y deshidratación. Aunque no es probable que el bebé se vea directamente afectado, sí puedes padecer mucho. Por lo general, la bacteria se encuentra en productos avícolas, en especial huevos de gallina y carne de pollo. Permanece en los alimentos que no se calentaron el tiempo suficiente para matarla.

TOXOPLASMOSIS

Es una enfermedad causada por un parásito llamado *Toxoplasma gondii*, que se encuentra en las heces de los gatos. En los adultos es inofensivo, pero la madre puede transmitirlo al nonato. Por lo general, no hay síntomas o puede ocasionar síntomas de una gripe media. El daño ocasionado al bebé depende del avance del embarazo. La etapa más peligrosa es la primera mitad del embarazo, cuando el cuerpo del bebé está en desarrollo. Te vuelves inmune si has estado en contacto previo con el parásito, lo cual hace que tu bebé sea inmune. Se encuentra en carne cruda, poco cocida y curada, y en ocasiones en leche de cabra y en cualquier alimento que estuvo en contacto con tierra o algún animal contaminado, en especial los gatos. Se diagnostica por medio de un análisis de sangre y se administran medicamentos para reducir el riesgo del bebé.'

ALERTA DE ALERGIA A LOS CACAHUATES

> * Si tú o alguien de tu familia inmediata padece asma, eccema, fiebre del heno u otras alergias, debes evitar consumir cacahuates porque pueden ocasionar una reacción alérgica peligrosa en algunos niños.

ALIMENTOS A EVITAR	RAZÓN	OPCIONES SEGURAS
CARNE- *pollo o carne cruda o semicruda* HÍGADO *y productos que lo contengan, como paté o salchichas*	Puede contener toxoplasma o samonella Contiene altos niveles de retinol (la forma animal de la vitamina A)	Carne y pollo bien cocidos Paté de verduras, paté pasteurizado -excepto paté de hígado
HUEVO – *crudo o semicrudo y alimentos que posiblemente lo contengan* * Sorbete hecho en casa, mousse, merengue y helado * Mayonesa casera	Puede contener salmonella	* Huevo cocido hasta que la clara y la yema estén firmes * Mayonesas comerciales en frasco y otros productos elaborados con huevo pasteurizado
LECHE – *leche bronca de vaca, cabra, oveja*	Debido al riesgo de brucellosis, listeria y toxoplasmosis	Leche pasteurizada, esterilizada y homogeneizada
QUESO * Quesos suaves * Queso azul * Quesos sin pasteurizar * Queso de cabra u oveja	Puede contener listeria	* Quesos duros como el cheddar * Quesos suaves procesados * Queso mozzarella, cottage y otros quesos pasteurizados
FRUTAS Y VERDURAS * Fruta y verdura sin lavar o desinfectar	Puede contener el parásito de la listeria o de la toxoplasmosis	Lavar y desinfectar frutas y verduras
ALIMENTOS PRECOCIDOS – CONGELADOS * Comida precocida sin calentar debidamente	Puede contener listeria	Alimentos precocidos congelados BIEN calentados
MARISCOS * Crudos o semicocidos	Por el riesgo de la bacteria que ocasiona intoxicación por alimentos	Mariscos cocidos

Alivio de males comunes

Aunque la mayoría de las mujeres goza de buena salud y bienestar durante el embarazo, muy pocas tienen la suerte de escaparse de los pequeños malestares que causan preocupación o incomodidad. Algunos de los problemas más comunes se alivian si haces simples cambios o adiciones a la dieta que se incluyen en este libro. Sin embargo, si los síntomas persisten o te preocupan consulta a tu médico.

ANEMIA

La anemia por deficiencia de hierro es común durante el embarazo porque muchas mujeres comienzan el embarazo con niveles de hierro relativamente bajos. El requerimiento de hierro es alto durante este tiempo porque se necesita para la producción de hemoglobina y otras proteínas esenciales que contienen hierro en el cuerpo de la madre y del bebé. Si tus niveles de hemoglobina son bajos, es posible que tengas deficiencia de hierro y los tejidos de tu cuerpo no reciben suficiente oxígeno. El oxígeno es necesario para liberar energía de las reservas de grasas y azúcares del cuerpo. (Además del hierro, la vitamina B12 y el ácido fólico también son necesarios para la producción de sangre).

Durante el embarazo, tu cuerpo necesita producir mucha sangre formada por glóbulos rojos y plasma (el líquido componente de la sangre). Lo anterior significa que tu sangre puede diluirse un poco y por ello, los niveles de hemoglobina están más bajos que lo normal. Si esperas gemelos o trillizos, tuviste un bebé hace dos años o menos, eres vegetariana, estuviste a dieta recientemente o tu menstruación era abundante, entonces tus niveles de hierro son bajos. Consulta al doctor y verifica si necesitas tomar complementos.

Los síntomas de que tus reservas de hierro están bajas incluyen cansancio, palidez, falta de aliento, mareo y depresión. También afecta tu capacidad de defenderte contra las infecciones, lo cual hace que te sientas mal y cansada. La anemia se detecta con una prueba sencilla a principios del embarazo y otra a la mitad. Si el resultado de la prueba indica que sí eres anémica, es posible que te receten pastillas de hierro. Las pastillas de hierro a veces causan estreñimiento o dolor de estómago, en cuyo caso pide al doctor otra alternativa.

* La manera en que tu dieta ayuda –A lo largo del embarazo y mientras estás amamantando debes aumentar la ingesta de hierro y vitamina C. La Vitamina C ayuda en la absorción de hierro de los alimentos, mientras que demasiado tanino (presente en el té y el café) o el fitato del pan integral pueden reducirla. Aunque te hayan recetado tomar pastillas de hierro es importante que consumas alimentos ricos en hierro, porque el hierro de la comida es más fácilmente absorbido y aprovechado por el cuerpo que el de las tabletas. Algunas fuentes ricas en hierro son la carne roja, pescados como la sardina y el salmón, cereales fortificados con hierro,

leche malteada, germen de trigo, semillas de girasol, pasas, avena en hojuelas, mejillones y legumbres.

ESTREÑIMIENTO

Es el paso dificultoso o no frecuente de heces duras y secas. Es muy común durante el embarazo porque las hormonas suavizan los músculos y ligamentos, de manera que los músculos de los intestinos se relajan y no trabajan como siempre. A medida que avanza el embarazo, el útero se agranda y presiona al intestino, provocando que trabaje con menos efectividad. Las pastillas de hierro, recetadas para la anemia, también ocasionan estreñimiento. Consulta a tu doctor en estos casos.

Aunque el estreñimiento resulta más incómodo cada vez (y puede ocasionar hemorroides o almorranas) puedes amainarlo al hacer cambios sencillos en tu dieta.

Si se vuelve un problema serio consulta al doctor.

* La manera en que tu dieta ayuda –Consume alimentos ricos en hierro, como el pan integral, cereales, papas y muchas frutas y verduras, pues estimulan el paso de la comida a través del sistema digestivo al mejorar los movimientos. Estos alimentos ricos en fibra absorben una gran cantidad de líquido del intestino (como una esponja), de manera que necesitas aumentar la ingesta de líquidos. Bebe entre 6 y 8 vasos extra de líquidos al día y evita bebidas con cafeína, como el café, el té y el refresco de cola. Es mejor que bebas agua, papillas sin azúcar, jugos de frutas diluidos (la ciruela pasa es muy buena para estimular el movimiento intestinal), agua mineral y tónica, tés de hierbas, bebidas a base de leche y yogurt. Las actividades regulares como caminar, nadar y estiramientos suaves también te ayudan.

Sólo debes usar laxantes durante el embarazo si el doctor lo indica, pues es posible que tengan efectos secundarios que afecten al bebé. Algunas alternativas naturales son el fybogel y la lactulosa.

DIABETES GESTACIONAL

Los altos niveles de glucosa (azúcar) en la sangre durante el embarazo se conocen como diabetes gestacional. Ocurre en un 2-6 por ciento de los embarazos y es más común en mujeres obesas. Por lo general cesa cuando termina el embarazo, pero la madre corre el riesgo de desarrollar diabetes como una condición más prolongada.

Las hormonas que produce la placenta aumentan los niveles de azúcar en la sangre. Entonces, necesitas producir más insulina para reducir el azúcar de la sangre –si no sucede rápido, los niveles de azúcar permanecen altos. El azúcar atraviesa la placenta y llega al bebé, cuyo cuerpo responde al producir más insulina. La insulina disminuye el azúcar de la sangre del bebé al convertirla en grasa para almacenar, de manera que el bebé se vuelve más grande y dificulta el nacimiento. También puede producirse mucho líquido alrededor del bebé y ocasionar parto prematuro. Después del parto, el azúcar de la sangre del bebé puede disminuir rápidamente y causar dificultades respiratorias e hipotermia.

La diabetes gestacional se diagnostica a partir de un examen general de orina realizado en las citas prenatales. Si el resultado es positivo, tendrás que someterte a una prueba de sangre en ayunas para revisar los niveles de azúcar en tu sangre antes de que tomes alimentos. Algunas veces se hace esta prueba de rutina alrededor de la semana 28. Si el resultado de la prueba indica que tienes niveles altos, quizá sea necesario realizar una prueba de tolerancia a la glucosa, que consiste en tomar una solución azucarada y medir el aumento de los niveles de azúcar en la sangre durante las siguientes dos horas. Si tus niveles están altos significa que tienes diabetes gestacional y el doctor debe darte un tratamiento que por lo general

implica cambios en la dieta. Es mejor consultar a un nutriólogo que te recomiende el tipo y la cantidad de alimentos que necesitas.

* La manera en que tu dieta ayuda –Si tus niveles de azúcar son altos, necesitas monitorear los niveles de azúcar en tu sangre durante el día y modificar tu dieta al disminuir los alimentos azucarados como mermelada, miel, pudines dulces y papillas. Debes aumentar la ingesta de carbohidratos, que se digieren lentamente y tienen un alto índice glucémico o un efecto bajo de azúcar en la sangre, como pan integral, pasta, arroz basmati y hojuelas de avena (muesli). Consumir más frutas y verduras ayuda a controlar los niveles de azúcar, pues ésta es descompuesta y el torrente sanguíneo la absorbe con más facilidad (ver página 36).

La mayoría de las mujeres controla su nivel de azúcar en la sangre con dieta y ejercicio, pero si no te da resultado el doctor puede recetarte medicinas.

AGRURAS O ACIDEZ ESTOMACAL
Es un tipo específico de indigestión durante el cual el ácido del estómago se filtra al esófago y causa una sensación dolorosa de acidez en el pecho. Es una condición muy común y afecta a dos tercios de las mujeres embarazadas. Es ocasionada por las hormonas del embarazo, las cuales relajan la válvula a la entrada del estómago, esto dificulta que se cierre adecuadamente y permite que escape el ácido del estómago. El problema tiende a empeo-

rar a medida que el útero crece y presiona al estómago. Aunque es más común en los últimos tres meses del embarazo, algunas mujeres la experimentan a la semana 20. Desaparece después del nacimiento.

Ajustar la dieta, la postura al sentarte y la posición para dormir ayudan a mejorar esta condición, pero consulta al doctor si comienza a afectar tu alimentación u ocasiona mucho dolor.

* La manera en que tu dieta ayuda –Haz hasta seis comidas ligeras al día y no dos o tres abundantes porque así se ejerce menos presión en tu estómago. Identifica las comidas y bebidas que te producen acidez o agruras y evita alimentos muy grasosos, condimentados o ácidos, como pasteles, salsas y algunos cítricos porque suelen empeorar la condición. Consume almidones y fruta no ácida y verduras para ayudar a tu digestión. Los productos lácteos bajos en grasa, los cereales y la carne magra también son buenos para esta condición. No comas justo antes de acostarte y evita agacharte o hacer ejercicio después de comer.

Evita el té con cafeína, el café y bebidas ácidas. La leche o el agua mineral ayudan a aliviar los síntomas, también el ajo crudo. Evita los remedios que se venden sin receta –pregunta a tu doctor qué puedes tomar.

NÁUSEA

Es una de las condiciones más comunes del embarazo que afecta alrededor del 70-80 por ciento de las embarazadas. Los síntomas varían de náusea a vómito persistente. Puede presentarse a los pocos días después de perder la menstruación y disminuye paulatinamente entre el tercero y el cuarto mes de embarazo. Se atribuye a varios factores como cambios hormonales, en la presión sanguínea y en el sistema digestivo (el cual se vuelve más lento para absorber mejor los nutrientes). El cansancio y la deshidratación empeoran la condición pero por más mal que te haga sentir, ten la seguridad de que no daña al bebé.

* La manera en que tu dieta ayuda –No existe un remedio garantizado contra la náusea pero un cambio en la dieta puede ayudarte. Por ejemplo, ver u oler ciertos alimentos te provoca náusea y siempre es peor cuando tienes hambre. Come una rebanada de pan, unas galletas saladas o biscuits de maicena o nuez de jengibre en ayunas o entre comidas para evitar que te dé hambre. Las botanas como fruta seca, plátano y cereales son buenas para evitar los ataques de hambre. Recuerda que la comida suave como arroz, papas, pan y cereales son más fáciles de mantener en el estómago.

Es posible que tu sentido del olfato se agudice durante el embarazo. Muchas mujeres sienten repulsión por el olor de algunos alimentos, así que evita los olores fuertes. Come alimentos fríos para que no los huelas mientras se cuecen. Los sándwiches y las ensaladas son tan nutritivos como la comida cocida. Si quieres algo caliente prepara botanas rápidas como pan con frijoles. Puedes buscar a alguien que te prepare la comida mientras estás embarazada.

Bebe muchos líquidos, en especial si sufres de vómitos, porque necesitas reponer el líquido que pierdes para evitar la deshidratación. Toma agua, leche y jugos de fruta diluidos y que no sean ácidas, evita las bebidas con cafeína. Toma líquidos regularmente y en pequeñas cantidades para que no te sientas satisfecha. Aumenta la ingesta de líquidos a partir de las frutas como el melón, también de sopas, flanes y yogurt.

Existen nutrientes y alimentos específicos que pueden ayudarte. Por ejemplo, hay estudios que afirman que los alimentos ricos en zinc, como las semillas de calabaza, o ricos en vitamina B6, como el brócoli y el jengibre, pueden ayudarte. El jengibre en particular se recomienda para la náusea, pero no en grandes cantidades.

PROBLEMAS DE PESO

Un aumento de peso aceptable es entre 11 y 15kg (25-35lb), aunque el promedio de la mayoría de las mujeres es entre 9.5-13.5kg (20-30lb). Es normal que aumentes alrededor del 10 por ciento del peso total del embarazo durante los primeros tres meses, por lo menos la mitad a medio embarazo y alrededor de 4kg (9lb) durante los últimos tres meses —estas cifras varían en algunas mujeres.

El aumento de peso depende del peso previo al embarazo, de tu metabolismo y del nivel de actividad durante el embarazo. Si comienzas con sobrepeso o baja de peso (más de 100kg/220lb o menos de 50kg/110lb, depende de tu talla y constitución), es posible que requieras consejo especial. Aunque el rango de aumento de peso es amplio, existen desventajas al estar en los límites más altos.

El aumento de peso provoca mucha ansiedad en la madre y tiene riesgos de salud. Subir mucho de peso te hace propensa a desarrollar venas varicosas, falta de aliento, agruras, hinchazón, y aumenta el riesgo de padecer complicaciones como presión sanguínea alta, diabetes relacionada al embarazo o preeclampsia (presión arterial alta por el embarazo y toxemia). Es importante que las mujeres con sobrepeso consulten a un nutriólogo.

Si no tienes peso suficiente, tu salud puede verse afectada así como el peso del bebé, puesto que el bajo peso se asocia a bebés de bajo peso al nacer. Si tienes buena salud, comes sanamente y no fumas, comer más no aumenta el peso de tu bebé porque su peso al nacer depende de otros factores (ver cuadro).

* La manera en que tu dieta ayuda –Aunque debes concentrarte en ingerir el balance adecuado de nutrientes para dos cuerpos, no es necesario que dobles la cantidad de comida que consumes. Definitivamente, el embarazo no es una época para saciarte. Tampoco es tiempo para hacer dieta. Los alimentos con alto contenido calórico como dulces y chocolates, aunque sean una tentación, sólo te dan calorías huecas –aumento de peso sin beneficios nutricionales. Consume cantidades mínimas –para ocasiones especiales (como el parto).

Tanto tú como tu bebé necesitan estar bien alimentados, así que concéntrate en consumir una dieta variada y balanceada. Si ya tenías problemas de peso pide a tu doctor que te refiera a un nutriólogo para que te asesore profesionalmente. Y no dejes de consultar a tu médico si estás preocupada por el sobrepeso o la falta de él.

A DÓNDE SE VA EL PESO EXTRA

A DÓNDE SE VA EL PESO EXTRA	
EL BEBÉ	El peso promedio al nacer es entre 3.2 3.5kg (7 7½ lb). Varía dependiendo de tus genes, tu propio peso al nacer, tamaño físico, número de embarazos, edad, origen étnico, salud y dieta.
AUMENTO DE SANGRE	1.25l (2½ pintas) alrededor de 2kg (poco más de 4lb)
LÍQUIDO AMNIÓTICO	Alrededor de 1kg (poco más de 2lb)
ÚTERO DILATADO	Alrededor de 1kg
PLACENTA	Alrededor de 1kg
SENOS	Poco menos de 1kg

El resto es de tejido adiposo (grasa) para la reserva calórica después del nacimiento en preparación para amamantar, lo cual requiere hasta 500kcals extra por día y el líquido en los tejidos –entre 3-4kg.

Granos, cereales, nueces y semillas

Son fuente rica en carbohidratos complejos, los granos y los cereales también contienen vitaminas, minerales y fibra. Las nueces y las semillas son fuente de proteínas, vitaminas, minerales y grasas esenciales.

* Los **cereales y granos** son versátiles y se usan para elaborar un amplio rango de alimentos como pan, pasta, panqués y pasteles. Incluye de seis a ocho porciones al día porque proporcionan mucha energía necesaria para un embarazo sano y el buen desarrollo del bebé. Los granos son fuente de proteína, de carbohidratos y contienen vitamina B, ácido fólico y fibra. Los cereales integrales como el arroz integral, avena sin procesar y pan de grano ofrecen más fibra y vitaminas B. Muchos cereales están enriquecidos con vitaminas y minerales extra para reemplazar las pérdidas durante la elaboración.

* El **arroz** –en especial el integral y el salvaje – es una fuente de vitaminas B, contiene calcio, carbohidratos (almidón), fibra de proteínas y minerales.

* El **pan** es bajo en grasa y calorías, proporciona mucha energía de carbohidratos (rico en almidón). La variedad integral y multigrano satisfacen más y son más ricos en fibra –cuatro rebanadas te dan la mitad de la ingesta diaria recomendada. Todas las variedades de pan te dan vitaminas B, incluyendo ácido fólico, también fibra y vitamina E. El pan integral contiene hierro.

* La **pasta** y el **fideo** son fuentes excelentes de carbohidratos de liberación prolongada. Son bajos en grasa y calorías, son fuente de proteínas necesarias para el crecimiento de los órganos y los tejidos del bebé.

* Las **nueces y semillas** son fuentes de proteínas, minerales y vitaminas E y B, pero son altas en calorías. Las nueces de nogal, las nueces de Brasil y la linaza (semilla de linaza) son fuentes de grasas esenciales omega-3, las cuales no se crean en el cuerpo. Las semillas como las de girasol, ajonjolí y pepitas, son fuente de fibra, minerales, grasas poli no-saturadas y aceites minerales. Las semillas de linaza son una opción nutritiva para esparcir sobre el cereal, ensaladas o yogurt para aumentar tu ingesta de ácidos grasos omega-3.

ALERTA DE ALERGIA A LOS CACAHUATES

* Si tú o alguien de tu familia inmediata (el padre del bebé o los hermanos del bebé) padece asma, eccema, fiebre del heno u otras alergias, debes evitar consumir cacahuates porque pueden ocasionar una reacción alérgica peligrosa en algunos niños.

arroz agreste

ciabatta de aceitunas

pistaches

avena

tagliatelle fresco

harina integral

polenta

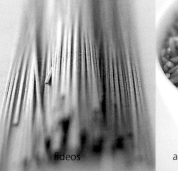

fideos

arroz integral de grano largo

Legumbres

Son ricas en proteínas, fibra, vitaminas y minerales. Son alternativas vegetarianas para la carne.

* Las **legumbres** incluyen alubias cannellini, borlotti y mung, arvejas, lentejas y garbanzos. Son muy nutritivas y proporcionan una mezcla de carbohidratos de liberación prolongada, proteínas, fibra, vitaminas y minerales. Son ricas en vitaminas B, hierro, potasio (necesario para un corazón y nervios sanos y para la presión sanguínea normal), fósforo (necesario para la formación de huesos y dientes y para la producción de energía), magnesio (necesario para unos músculos y nervios sanos) y manganeso (necesario para la producción de hormonas y la formación de huesos).

Un platillo de legumbres y granos te da proteínas y contiene todos los aminoácidos que necesitas (importante para los vegetarianos). La fibra soluble presente en todas las legumbres ayuda a prevenir el estreñimiento, y mantiene estable el nivel de azúcar en la sangre (ver cuadro de abajo).

Las variedades enlatadas son nutritivas y tienen la ventaja de que se preparan rápido y son fáciles de usar. Sin embargo, el contenido de sodio es mayor que el de los frijoles frescos, así que busca presentaciones sin sal. Si usas la variedad deshidratada, debes rehidratarlos y cocinarlos muy bien. Los frijoles deshidratados, en especial los frijoles rojos, contienen una toxina natural que se destruye con la cocción.

* Los frijoles de **soya** se encuentran entre las pocas fuentes vegetales de proteínas completas, contienen todos los aminoácidos que forman las proteínas. Los productos de soya como el tofu, tempeh, frijol de soya, carne y harina de soya, se usan en sopas, guisados, stir fries y panes. Los productos de soya son una adición nutritiva a tu dieta —proporcionan vitaminas, minerales y grasas esenciales. Los frijoles de soya son ricos en ácidos grasos omega-3, los cuales ofrecen muchos beneficios y son limitados en las dietas típicas. Proporcionan una gran cantidad de fibra, muchas vitaminas y minerales y el componente que protege contra el cáncer, el genistein.

FIBRA

* La fibra es esencial para que el intestino trabaje bien. Durante el embarazo, la digestión se hace más lenta, lo cual te hace propensa a estreñimiento y otros problemas. Existen diferentes tipos de fibra, pero la fibra soluble presente en frijoles y lentejas ayuda a aliviar un poco la constipación y a controlar el azúcar en la sangre y el colesterol. Consúmelos con yogurt natural para mejorar la salud del tracto gastrointestinal.

habas blancas

arvejas amarillas

frijoles de soya

tempeh

lentejas

tofu

alubias borlotti

alubias haricot

alubias pintas

Carne, aves y huevo

La carne y las aves son fuentes de proteínas, hierro y zinc. Los huevos contienen proteínas y muchas vitaminas y minerales.

* La **carne** y las **aves** son fuente de proteínas porque su contenido de aminoácidos es similar al que tu cuerpo necesita. Los alimentos vegetales contienen proteínas incompletas, lo que significa que no tienen todos los aminoácidos que requiere el cuerpo humano, aunque se remedia al mezclarlos entre sí o con productos lácteos. Elige cortes magros de carne y aves, sin piel, para reducir la ingesta de grasas saturadas.

Aunque requieres 6g (1/4oz) más proteínas al día cuando estás embarazada, sólo necesitas consumir de 2 a 3 porciones de proteínas diariamente. La carne como res, cordero, riñón y pollo son fuentes de proteínas y hierro de fácil absorción. Debes evitar el hígado y sus productos cuando estás embarazada porque contienen mucha vitamina A y, en exceso, es dañina para el bebé (ver páginas 9-10).

* Los **huevos** son muy nutritivos porque son ricos en vitaminas y minerales, incluso vitaminas A, D, E y las B, calcio y hierro. Muchas mujeres evitan el huevo porque creen que es rico en grasa y calorías, pero un huevo mediano contiene sólo 70kcal. Son excelente fuente de proteínas para los vegetarianos.

Se utilizan en muchas recetas y forman una botana rica en nutrientes, lo cual es útil cuando necesitas comidas ligeras al principio y al final del embarazo. Cuece bien los huevos y evita los productos que tengan huevo crudo, como la mayonesa y las salsas (ver páginas 20-21).

HIERRO

* Durante el embarazo necesitas más hierro para tu bebé y para aumentar tu suministro de sangre. Tu cuerpo da prioridad al bebé de manera que tus reservas de hierro disminuyen si no consumes suficiente. Muchas mujeres tienen reservas de hierro relativamente bajas y se les recetan complementos de hierro cuando se embarazan. Sin embargo, los complementos de hierro pueden interferir con la absorción de otros nutrientes de la comida y ocasionar estreñimiento. El hierro de los alimentos se absorbe mejor que el de los complementos, y la vitamina C de los alimentos ayuda a que tu cuerpo absorba mejor el hierro que consumes. Por lo tanto, incluye alimentos ricos en vitamina C, en especial si no comes carne. El jugo de frutas, las verduras verdes o rojas y la mayoría de las frutas contienen vitamina C (ver página 40).

huevo de gallina

cordero

pato

pollo

Pescado

Todos los tipos de pescado son nutritivos y bajos en calorías. Son fuente de proteínas, vitamina B12 y minerales, como yodo y selenio.

El pescado es buena opción de comida o cena cuando estás embarazada porque se cocina rápido y está lleno de nutrientes. Ya sea que uses pescado congelado, enlatado o fresco, una porción pequeña (100g/4oz) contiene la mitad del requerimiento recomendado de proteínas. Las proteínas son necesarias para el crecimiento y reparación de músculos, huesos, cabello y órganos, y para la producción de hormonas y anticuerpos. También se requieren para producir más glóbulos rojos necesarios durante el embarazo.

* Los **pescados con poco contenido de grasa** como el mero, bacalao, abadejo, rape, platija, pescadilla, pez palo y lenguado, son bajos en grasa y calorías. Lo anterior los hace fáciles de digerir si sufres de problemas digestivos. Contienen hierro, selenio y otros nutrientes esenciales. El bacalao es el pez blanco más popular, pero otros como la pescadilla y el abadejo son igual de nutritivos y ricos en proteínas.

* Los **pescados con alto contenido de grasa** incluyen la caballa, sardinas, atún y salmón. Son ricos en grasas esenciales omega-3, las cuales ayudan a controlar la presión sanguínea y son básicos para el desarrollo normal del bebé. Aunque se les considera grasos tienen carne relativamente magra. El pescado enlatado en aceite de frijol o de soya contiene omega-3.

Asegúrate de que el pescado esté bien cocido antes de consumirlo, para prevenir infecciones por las bacterias que pueden producirse en ellos y para evitar una intoxicación. Lo anterior es importante sobre todo con las almejas y los crustáceos, como los langostinos, mejillones y cangrejos. Si estás embarazada evita la comida conservada en nitratos, como el pescado ahumado y el caviar.

Mientras estés embarazada no debes consumir complementos de aceite de hígado de bacalao, para evitar una sobredosis de vitamina A (ver páginas 9-10). Es mejor que consumas pescados con alto contenido de grasa dos veces a la semana.

GRASAS OMEGA-3

> * Las grasas omega-3 reciben el nombre de grasas esenciales porque no son producidas en el cuerpo. Es importante consumirlas con regularidad pues ofrecen muchos beneficios para tu salud —ayudan al crecimiento, producción de piel y protegen al sistema inmunológico. Son necesarias para el desarrollo de los ojos y cerebro del bebé durante el embarazo y la lactancia.
> * Una porción de 100g (4oz) de pescado con alto contenido de grasa, como el arenque, atún o salmón, te proporciona cantidades importantes de omega-3. Si no te gusta comer pescado todos los días puedes obtener omega-3 de la linaza, verduras de hoja verde y nueces.

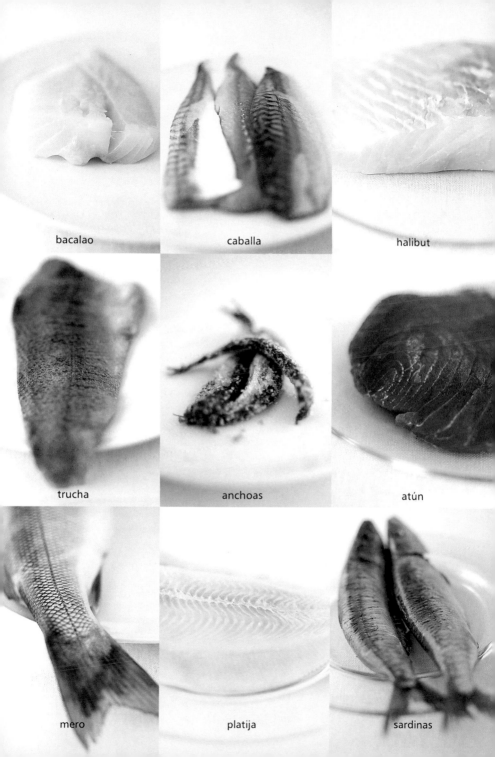

bacalao

caballa

halibut

trucha

anchoas

atún

mero

platija

sardinas

Tubérculos

Son verduras llenas de vitaminas, minerales, antioxidantes y fibra. También te proporcionan mucha energía de carbohidratos.

Los tubérculos proporcionan altos niveles de potasio, beta-caroteno y vitaminas B, incluyendo folato. Aunque las verduras frescas contienen vitamina C, los elotitos en frasco y los chícharos y frijoles congelados son buenas fuentes, así que inclúyelos en tu dieta. Las verduras de color brillante como la zanahoria, elote, camote y betabel, son fuente de químicos vegetales como beta-caroteno y antioxidantes.

* Las **zanahorias** son fuente de beta-caroteno, el cual es un antioxidante y se usa para fabricar vitamina A en el cuerpo.

* Las **papas**, incluyendo el camote, son una fuente de vitamina C, fibra, almidón y potasio. Las papas contienen algunas vitaminas B y proporcionan mucha energía de carbohidratos, la cual ayuda a sentirse satisfecho.

* Las **calabazas** y **camotes** son ricos en beta-caroteno y potasio. Hay muchas variedades y son fáciles de digerir, lo cual los hace especialmente útiles durante el embarazo cuando la indigestión se vuelve un problema. Las semillas de calabaza contienen hierro, zinc y otros minerales importantes, consúmelas como botana o añádelas al pan o a las sopas.

Al cocinarlos pierden la vitamina C y el ácido fólico, entonces son mejores crudos o casi crudos –al vapor, stir fry o al microondas y procura que estén crujientes. También ayudan a mantener estables los niveles de azúcar, entonces come botanas de verduras crudas como zanahorias y chícharos durante todo el embarazo, y no comas papas fritas cuando sientas que necesitas aumentar tu energía.

VERDURAS ORGÁNICAS

* Las verduras orgánicas están libres de pesticidas, aditivos y hormonas de crecimiento artificial, las encuentras en supermercados y mercados. Tienen la ventaja de que son "naturales" pero pueden ser igual de nutritivas que las variedades no orgánicas, aunque tienen más sabor. Tampoco existe evidencia que sugiera que las verduras no orgánicas son dañinas en el embarazo. Es mejor que compres verduras orgánicas si vas a comerlas crudas o sin pelar. Es particularmente importante que las compres frescas y las uses de inmediato porque tienden a descomponerse rápido.

calabaza

camote

papas de cambray

zanahorias

Hierbas, verduras de hoja verde y verduras

Las verduras de hoja verde son bajas en grasa y calorías, llenas de minerales, vitaminas, antioxidantes y fibra. Proporcionan muchos beneficios de salud.

* Las **verduras de hoja verde** como los chícharos con vaina, espinacas, acelgas, berros y arúgulas, son fuentes ricas en vitaminas, incluyendo ácido fólico y vitamina C. Son ricos en fibra (para ayudar cuando hay estreñimiento y problemas digestivos), bajas en grasa y calorías (para mantener un peso sano) y ricas en antioxidantes. Algo muy importante es que son ricas en ácido fólico (necesario para el desarrollo normal de la espina dorsal y el cerebro de tu bebé).

* Los **jitomates** y otras verduras de color brillante como el rábano, betabel y los pimientos, son ricos en beta-caroteno y otros antioxidantes, los cuales ayudan a proteger el cuerpo de tu bebé. Igual que todas las verduras, son bajas en calorías y proporcionan cantidades seguras de vitamina C, fibra y potasio.

* El **ajo** tiene propiedades antivirales y antibacteriales, ambas son excelentes para proteger contra las infecciones a las que eres vulnerable –en especial durante el primer trimestre. Se dice que el consumo regular de ajo tiene muchos efectos benéficos, como bajar la presión arterial y reducir los coágulos sanguíneos, lo cual es útil durante el embarazo cuando la presión aumenta y se necesita una buena circulación.

* Las **hierbas** como la menta, el hinojo y el jengibre ayudan a aliviar náusea y vómito. Añádelas a ensaladas y stir fries. El perejil es una rica fuente de vitamina C y hierro. Evita las hojas de frambuesa y poleo durante las primeras etapas del embarazo porque estimulan la contracción del útero. Aunque se considera que todos los tés de hierbas son sanos, debes evitar los arriba mencionados mientras estás embarazada, también la manzanilla, sasafrás, matricaria, dedalera, consuelda.

VERDURAS

* Muchas ensaladas de verduras frescas son fuente de vitamina C, esencial para la producción de colágeno –una proteína necesaria para la piel, huesos, encías y dientes y para un sistema inmunológico sano.

* La cocción destruye la vitamina C y el ácido fólico, de manera que la mayoría de las verduras debe consumirse crudas o semicrudas. Come sándwiches acompañados con ensaladas.

* Comer verduras crudas durante el día es una manera ideal de evitar el hambre y controlar tu peso.

ejote

ajo

berros

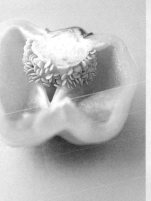

pimiento amarillo

brócoli

acelga

col morada

jengibre

perejil de hoja lisa

Fruta

La fruta fresca es fuente rica en antioxidantes y potasio, además de que es baja en grasas y calorías. Consume por lo menos 2 ó 3 porciones por día.

La fruta es especialmente buena para las embarazadas porque es una botana nutritiva y con mucho sabor entre comidas. Consume cítricos, manzanas, mangos, mandarinas e higos, fruta seca, jugos y purés o papillas.

Igual que con las verduras, la cocción, almacenamiento y picar la fruta destruye algunas de las vitaminas, por lo que es mejor comerla cruda o casi cruda. Comer fruta con cáscara te da más fibra y nutrientes, pero siempre lávala para eliminar cualquier residuo de pesticidas.

Aunque la fruta es la mejor fuente de vitamina C, la piña enlatada, los chabacanos secos, los mangos y los jugos recién hechos también son buenas fuentes. La fruta de color brillante, como el durazno, melón y las bayas, proporciona grandes cantidades de antioxidantes y vitamina A, mientras que el jugo de naranja y de toronja es rico en ácido fólico, esencial para el desarrollo normal de tu bebé durante el primer trimestre del embarazo.

* El plátano es una fuente rica en energía de carbohidratos, potasio, vitaminas B y fibra, lo que lo hace una botana deliciosa y nutritiva. Es una falacia que engorden, a menos que se consuman en exceso, porque un plátano contiene una cantidad similar de calorías que la mayoría de las frutas. El plátano con yogurt es una excelente y nutritiva combinación.

* Los arándanos tienen una sustancia antibacterial que ayuda a aliviar las infecciones del tracto urinario como cistitis, a la cual eres más propensa durante el embarazo. Son ricos en vitamina C y otros antioxidantes. Compra jugo, salsas de arándanos o la fruta fresca o congelada para hacer mermeladas, salsas y aderezos para yogurt y cereales. De hecho, todos los tipos de moras son fuente de vitamina C y otros antioxidantes, ofrecen muchos beneficios de salud.

VITAMINA C

* También conocida como ácido ascórbico, es necesaria para el sistema inmunológico y la formación de tejido conectivo, como colágeno, que ayuda a la formación de piel, huesos, cartílagos y dientes. Ayuda al cuerpo a absorber hierro. Debido a que no es almacenada en el cuerpo, es importante que consumas alimentos que la contengan en grandes cantidades, como los cítricos, kiwi, mango, durazno y moras.

plátanos

higos

toronja

arándanos

naranjas

grosella

nectarinas

piña

mango

Productos lácteos y alternativos

Proporcionan cantidades importantes de proteína de fácil digestión y muchas vitaminas y minerales, como vitaminas A, D y B2, calcio y fósforo.

El calcio es un componente esencial de huesos, dientes y estructura celular, es necesario para el funcionamiento normal de nervios y músculos. Es importante para la sangre porque ayuda a la coagulación, lo cual es esencial durante el embarazo para evitar la pérdida excesiva de sangre durante y después del parto. Durante el embarazo necesitas 300mg extra de calcio al día para formar los huesos y dientes del bebé, para proteger lo tuyos y fabricar más glóbulos rojos. Los siguientes alimentos contienen calcio:

* **Leche** –media pinta de leche te da 300mg de calcio. Las variedades descremada o semidescremada contienen menos grasa, más calcio y proteínas que la leche entera. Evita la leche sin pasteurizar y la leche bronca de cabra y oveja.

* **Queso** –30-40g (1-1 ½ oz) de queso duro contiene 300mg de calcio. El queso crema, el cottage y el fromage frais contienen la décima parte del calcio de los quesos duros, pero tienen menos grasa saturada. Si combinas ambos quesos en la dieta obtienes calcio suficiente. Evita los quesos suaves, sin pasteurizar, como el brie o roquefort mientras estés embarazada.

* **Yogurt** –una pequeña porción (125g/5oz) contiene 300g de calcio y también tiene vitaminas A, D, vitaminas B y fósforo. Elige el bioyogurt, que contiene bacilos inofensivos que ayudan al intestino. También ayuda a aliviar la diarrea, flatulencia y estreñimiento si se consume regularmente.

* La **leche de soya** y de arroz son alternativas sanas para quienes padecen de intolerancia a la lactosa o no consumen productos animales. Hay leche de soya fortificada con calcio y vitaminas B12 y D (revisa las etiquetas).

CALCIO VITAMINA D

> * Durante el embarazo, la absorción de calcio aumenta de manera natural pero la ingesta excesiva de té, café, pan integral y sal interfiere con ella y causa que se pierda del cuerpo. Evita la sal y la fibra sin procesar y limita el té y el café.
>
> * La vitamina D es llamada la vitamina del sol porque se forma en la piel después de la exposición al sol. Es necesaria para la absorción y el uso adecuados del calcio. La leche y los productos lácteos contienen calcio y vitamina D, y algunos productos son fortificados con ambos –revisa las etiquetas de productos como margarina y cereales.

bio yogurt

leche de soya

queso ricota

queso cottage

queso mozzarella

fromage frais

leche de vaca

queso parmesano

malteada de fresa

Aporta proteína, fibra, potasio y calcio

Sopa de lentejas con especias

Tiempo de preparación: 10 minutos, tiempo de cocción: 1 hora, porciones: 4

cucharadas de aceite de girasol
1 cebolla mediana, picada
1 diente de ajo, picado
1 chile grande, finamente picado
125g (4oz) de camote, en cubos
50g (2oz) de lentejas
1 cucharadita copeteada de comino
1 cucharadita copeteada de cilantro
1 cucharadita copeteada de garam masala*

1 cucharadita copeteada de pasta de
tamarindo
1 ramita de canela
400g (10oz) de jitomate de lata, picado
1l (1 ¾ pintas) de agua
sal
bio yogurt, para servir
cilantro picado, para servir

Calentar el aceite en una olla, agregar la cebolla, el ajo y el chile, cocer hasta que la cebolla esté suave. Añadir el camote y cocer por 10 minutos, revolviendo. Añadir las lentejas, el comino, el cilantro, el garam masala, el tamarindo, la canela y revolver durante 1 minuto. Añadir los jitomates y cocer sin tapar hasta que la salsa se reduzca y se espese. Añadir el agua y dejar que suelte el hervor. Bajar el fuego y calentar de 30-40 minutos. Sazonar con sal. Licuar un cuarto de la mezcla e incorporarla al resto. Sazonar al gusto. Servir con bio yogurt y cilantro.

POR PORCIÓN: 174kcal/730kJ 6.5 proteínas 10g grasa 17g carbohidratos 3g fibra

Rica en potasio, beta-caroteno y energía de
carbohidratos

Sopa de zanahoria y jengibre

Tiempo de preparación: 10 minutos, tiempo de cocción: 40 minutos, porciones: 6

3 cucharadas de aceite de oliva
1 cebolla mediana, finamente picada
2 dientes de ajo, picados
1 cucharada de jengibre fresco, molido
1 cucharadita de comino, molido
1 cucharadita de cilantro, molido

200g (7oz) de zanahorias, en cubos
200g (7oz) de camote, en cubos
750ml (1 ½ pintas) de caldo de pollo
sal y pimienta recién molida
fromage frais* o crema ácida, para servir
menta fresca picada, para servir

Calentar el aceite en una olla grande, agregar la cebolla y cocer a fuego medio hasta que esté suave. Añadir el ajo, el jengibre y las especias, cocer por 1 minuto. Agregar las zanahorias y el camote y cocinar por 5 minutos. Verter el caldo de pollo y dejar que suelte el hervor, calentar a fuego lento durante 20 minutos hasta que las verduras estén suaves. Licuar la sopa. Sazonar con sal y pimienta. Servir con una cucharada de fromage frais y espolvorear la menta.

* Estos alimentos se consiguen en tiendas gourmet o especializadas.

POR PORCIÓN: 95kcal/395kJ 1g proteínas 6g grasa 10g carbohidratos 2g fibra

Contiene carbohidratos, fibra, hierro, potasio, manganeso, selenio, zinc y vitaminas B

Ciruelas pasas rellenas de avellanas y envueltas en tocino

Tiempo de preparación: 20 minutos, tiempo de cocción: 20 minutos, rinde: 24

250g (8oz) de ciruelas pasa, sin hueso

200g (7oz) de avellanas

225g (8oz) de tocino ahumado, sin grasa

(aproximadamente 12 tiras)

2 cucharadas de romero fresco, picado

aceite para cocinar

Precalentar el horno a 200°C/400°F. Rellenar cada ciruela con una avellana. Dividir cada tira de tocino a la mitad. Extender 6 pedazos sobre una mesa de trabajo, espolvorear cada tira con el romero. Colocar la ciruela rellena en un extremo y enrollar con el tocino hasta cubrirla. Colocar las ciruelas envueltas sobre una charola para hornear ligeramente engrasada, y hornear durante 20 minutos hasta que el tocino esté dorado. Dejar reposar por 5 minutos antes de servir.

CADA CIRUELA: 45kcal/191kJ 3.5g proteína >1g grasa 2g fibra

Aporta grasa mono no-saturada, hierro, calcio, minerales y vitaminas B, incluyendo folato

Aguacate con ajo rostizado y yogurt

Tiempo de preparación: 20 minutos, porciones: 4

2 aguacates

1 cucharada de aceite de oliva

3 cucharadas de jugo de limón

2 cucharadas de tahini

1 diente de ajo

1 cucharada de bio yogurt, bajo en calorías

2 cucharadas de estragón, picado

sal y pimienta negra, recién molida

pan tostado, para servir

En un tazón hacer puré el aguacate. Añadir el aceite, el limón, el tahini y revolver bien. Triturar el ajo con una pizca de sal, añadirlo al aguacate junto con el yogurt y el estragón. Sazonar con sal y pimienta, servir sobre pan tostado o como dip con verduras crudas.

POR PORCIÓN: 160kcal/656kJ 3g proteína 15g grasa 1.5g carbohidratos 2g fibra

Tiene potasio, magnesio, proteínas y vitaminas B

Smoothie de plátano y nuez

Tiempo de preparación: 10 minutos, rinde: 2

2 plátanos
25g (3/4 oz) de nueces pecanas
100ml de yogurt o leche de soya
5 cucharadas de jugo de naranja
leche o agua para diluir

Poner los ingredientes en la licuadora o procesador de alimentos y hacerlos puré. Agregar leche o agua hasta obtener la consistencia deseada.

POR PORCIÓN: 221kcal/926kJ 5g proteína 9g grasa 31g carbohidratos 2.5g fibra

Una manera refrescante de aumentar la vitamina C y los niveles de líquido

Jugo de frutas de verano

Tiempo de preparación: 10 minutos, rinde: 4

150g (5oz) de fresas
150g (5oz) de frambuesas
1 durazno
5 cucharadas de jugo de naranja
agua mineral

Quitar el rabo a las fresas. Pelar y deshuesar el durazno. Licuar los ingredientes. Agregar agua mineral hasta obtener la consistencia deseada.

POR PORCIÓN: 30kcal/120kJ 1g proteína casi no contiene grasa 6g carbohidratos 3g fibra 50mg vitamina C 21mcg folato

Aporta potasio, caroteno, folato y vitamina C

Virgin mary

Tiempo de preparación: 5 minutos, rinde: 6

1l (35oz) de jugo de tomate o clamato
jugo de 2 limones (6 cucharadas aprox.)
1 cucharada de salsa inglesa
6-12 gotas de salsa Tabasco
pimienta negra, molida gruesa
hielo
6 troncos delgados de apio

Licuar el jugo de tomate, el jugo de limón y la salsa inglesa. Sazonar con la pimienta y la salsa Tabasco. Llenar la mitad de 6 vasos con hielo, verter la mezcla y adornar con el apio.

POR PORCIÓN: 30kcal/125kJ 1.5g proteína casi no contiene grasa 6g carbohidratos 1g fibra

Proporciona energía, beta-caroteno y fibra

Smoothie de higo y durazno

Tiempo de preparación: 15 minutos, rinde: 2

125g (4oz) de chabacanos secos, en cuartos
1 pieza de jengibre, picado
2 higos grandes
3 cucharadas de jugo de limón
125ml (4oz) de yogurt natural
leche o agua para diluir

Licuar los ingredientes. Añadir leche o agua hasta obtener la consistencia deseada.

POR PORCIÓN: 193kcal/820kJ 7g proteína 1g grasa 40g carbohidratos 6g fibra

fuente de proteína, ácidos grasos omega-3, potasio y vitaminas B, hierro, zinc, yodo y antioxidantes vegetales.

Pescado con salsa charmoula

Tiempo de preparación: 20 minutos, tiempo de cocción: 5-15 minutos, tiempo para marinar: 2 horas, porciones: 4

3 cucharadas de perejil de hoja lisa, picado
3 cucharadas de cilantro, picado
2 dientes de ajo, triturados con sal
1 cucharada de comino, molido
1 cucharada de páprika
½ cucharadita de chile seco, picado o ½ chile rojo, finamente picado.

75ml (3oz) de aceite de oliva, extra virgen
3 cucharadas de vinagre de vino blanco o jugo de limón
sal y pimienta negra molida
8 sardinas grandes, sin espinas y aplanadas o filetes de 1kg (2.2lb) de cualquier pescado con alto contenido de grasa

Precalentar el horno a 200°C/400°F. Para la salsa poner las hierbas, el ajo y las especias en un procesador de alimentos hasta que quede una pasta suave. Colocar la mezcla en un tazón y revolver bien con aceite y vinagre (o limón). Sazonar con sal y pimienta al gusto. Secar el pescado en toallas de papel y colocarlo sobre papel aluminio engrasado, sazonar el pescado con sal y pimienta. Si usas sardinas, sirve una cucharada de la salsa sobre cada pescado y coloca encima otra sardina de tamaño similar. Sazonar con sal. Si usas un pescado entero, raya la piel varias veces y haz cortes por ambos lados hasta el hueso. Bañar con la salsa el exterior y el interior del pescado. Tapar y marinar durante 2 horas en el refrigerador, o toda la noche. Colocar el resto de la salsa en un plato para servir.

Hornear el pescado de 5 a 15 minutos hasta que esté suave. Servir con el resto de la salsa, arúgula aderezada y pan cliente.

POR PORCIÓN: 714kcal/3000kJ 60g proteína 50g grasa-principalmente de grasas poli y mono no-saturadas

---

Es un platillo rico en proteínas que proporciona la ingesta diaria de este nutriente. Puedes reducir las porciones al principio del embarazo si tienes poca hambre, o más adelante si tu ingesta se redujo debido a tu capacidad estomacal. El pescado con grasa proporciona aceites omega-3, esenciales para el desarrollo del cerebro, nervios y espina dorsal del bebé.

Fuente de energía con proteínas, folato, calcio, magnesio, hierro, zinc y beta-caroteno

Pasta con chícharos, habas y tocino

Tiempo de preparación: 15 minutos, tiempo de cocción: 20 minutos, porciones: 4

1 cucharada de aceite de oliva, extra virgen
75g (3oz) de tocino ahumado, picado
1 diente de ajo, finamente picado
2 cucharadas de mejorana, picada o romero
150g (5oz) de chícharos
250g (8oz) de habas

142ml (5oz) de crema
450g (1lb) de pasta como pappardelle
o penne
50g (2oz) de queso parmesano fresco, rallado
sal y pimienta recién molida

Calentar el aceite en un sartén y freír el tocino a fuego medio hasta que tome color café. Añadir el ajo, la mejorana o romero y cocer hasta que el ajo tome color dorado. Hervir agua en una olla y cocer los chícharos y las habas hasta que estén suaves; escurrir bien. Agregar las habas y los chícharos al tocino, revolver todo con la crema y dejar que suelte el hervor. Reducir el fuego y calentar durante 1 minuto. Reservar 1 taza del agua de cocción. Añadir la salsa y la mitad del queso parmesano a la pasta y revolver para bañar con la salsa. Si la salsa está muy espesa diluirla con el agua de cocción. Sazonar con sal y pimienta al gusto. Servir y espolvorear el resto del queso parmesano.

POR PORCIÓN: 430kcal/ 1800kJ 18g proteína 26g grasa 30g carbohidratos 5g fibra

El tocino y el parmesano dan proteínas animales, y la crema contiene la mayoría de la grasa y las calorías. La pasta proporciona carbohidratos complejos y energía. Es un platillo balanceado que contiene una variedad de grupos de alimentos y nutrientes necesarios durante el embarazo. La crema semi-descremada contiene menos grasa.

Rico en proteínas, potasio, fósforo, caroteno y vitaminas B, incluyendo folato y B12

Pato a las cinco especias

Tiempo de preparación: 5 minutos, tiempo de cocción: 10 minutos, tiempo para marinar: 4 horas, porciones: 4

4 pechugas de pato	2 dientes de ajo, picados
100ml (3oz) de salsa de soya	1 cucharada de aceite de ajonjolí
1 cucharada de miel	1 cucharadita de 5 especias chinas*
1 cucharada de jengibre, picado	300g (9 1/2oz) de col bok choy*

Quitar la piel y el exceso de grasa de las pechugas, con un cuchillo marcar rombos sobre ellas para que penetre la marinada. En un tazón grande de vidrio poner la soya, la miel, el jengibre, el ajo, el aceite de ajonjolí y las 5 especias, revolver bien. Sumergir las pechugas en la marinada, tapar y refrigerar por 4 horas, o durante toda la noche. Escurrir y secar las pechugas. Precalentar la parrilla a fuego medio. Colocar las pechugas en un sartén antiadherente y sellarlas a fuego medio durante 5 minutos. Cocinar durante 5 minutos para término rojo volteando 1 vez. Hervir la marinada en una olla pequeña, bajar el fuego y calentar un poco más. Colar. Cocer al vapor la col y escurrir bien. Para servir, rebanar el pato y colocarlo sobre la col, bañar con la marinada.

* Estos ingredientes se encuentran en tiendas gourmet o especializadas.

POR PORCIÓN: 260kcal/1090kJ 28g proteína 13g grasa 6g carbohidratos 2-3g fibra 4.5mg hierro

El pato da el contenido de proteínas y la col proporciona vitamina C y fibra. El pato, igual que otras aves, es bajo en grasas saturadas (la mayoría de la grasa está en la piel) y es fuente de muchas vitaminas B. Tiene el mismo contenido de proteínas que el pollo, un poco más de grasa, la misma cantidad de tiamina y riboflavina, y tres veces más hierro. También es más rico en potasio y zinc. Igual que el pollo, si no se cuece bien puede ser fuente de salmonela.

Da energía de liberación prolongada, proteínas, vitaminas B, folato, beta-caroteno, fibra y vitamina C

Pasta con poro y anchoas

Tiempo de preparación: 10 minutos, tiempo de cocción: 30 minutos, rinde: 4

3 cucharadas de aceite de oliva
500g (1.2lb) de poro, picado
2 dientes de ajo, picados
100g (4oz) de anchoas
1 cucharada de romero, picado

300-400g de penne
150ml (5oz) de doble crema
ralladura de 1 limón
2 cucharadas de perejil de hoja lisa, picado
sal y pimienta recién molida

Calentar el aceite en un sartén, agregar el poro y el ajo, mover constantemente a fuego lento durante 20 minutos, hasta que el poro esté suave. Enjuagar las anchoas para quitar el exceso de sal y picarlas. Retirar el sartén del fuego y revolver las anchoas con el poro, si el fuego es muy alto la textura se vuelve granulosa. Regresar el sartén al fuego y agregar el romero con la crema, el limón y el perejil, mezclar bien y retirar. En una olla de agua hirviendo con sal cocer la pasta hasta que esté al dente. Escurrir bien y reservar 1 taza del agua de cocción por si la salsa está espesa. Revolver la salsa con la pasta, sazonar con sal y pimienta.

POR PORCIÓN: 600kcal/2500kJ 18g proteína 33g grasa 60g carbohidratos 7g fibra

El poro es fuente de potasio y folato, ayuda al buen funcionamiento de los riñones, lo cual hace que este platillo sea benéfico al principio del embarazo. También da fibra para que el intestino trabaje bien y ayuda a evitar el estreñimiento. Las anchoas proporcionan proteínas, calcio y hierro, ácidos grasos omega-3, y el perejil y el limón aumentan el contenido de vitamina C. Debido a que las anchoas tienen un alto contenido de sodio, debes beber más líquido para evitar la deshidratación. La crema semidescremada contiene menos grasa.

Este platillo proporciona proteínas, fibra, folato y antioxidantes, también un poco de calcio.

Pescado al horno con espinacas y jitomate

Tiempo de preparación: 30 minutos, tiempo de cocción: 15 minutos, porciones: 4

2 cucharadas de aceite de oliva
800g (1 ¼ lb) de espinacas, cocidas y escurridas
sal y pimienta negra, recién molida
800g (1 ¼ lb) de filete de pescado, como salmón, arenque, halibut o guachinango,
limpio y cortado en 4 porciones
2 cucharadas de mejorana o albahaca
2 jitomates grandes u 8 jitomates cherry, rebanados
2 cucharadas de crème fraîche

Precalentar el horno a 200°C/400°F. Cortar 4 pedazos de papel aluminio para envolver los filetes. En el centro de cada papel colocar ½ cucharadita del aceite. Dividir las espinacas en 4 porciones y poner una en cada papel. Poner sal y pimienta, colocar encima el pescado y sobre él la mejorana o albahaca, 4 rebanadas de jitomate y ½ cucharada de crème fraîche. Doblar el papel cuidando que los extremos queden bien sellados para que no salga el jugo durante la cocción. Colocar los paquetes de pescado sobre una charola para horno y hornear durante 15 minutos o hasta que el pescado esté suave. El papel aluminio se infla por el aire cuando está cocido. Servir de inmediato sin desenvolver, acompañar con papas hervidas.

POR PORCIÓN: 400kcal/1660kJ 50g proteínas 19g grasa 4g carbohidratos 5g fibra 360mg calcio 4.8mg hierro 222mcg folato 30mg vitamina C

El pescado es fuente de proteínas, y los jitomates y las espinacas proporcionan fibra. La crème fraîche y el aceite de oliva dan grasa, la cual puede reducirse si usas crema semidescremada. Las hierbas complementan el sabor de este platillo y dan hierro, vitamina C y antioxidantes.

Fuente de proteínas enteras, energía de carbohidratos, grasas sanas y antioxidantes.

Couscous con pescado e hinojo

Tiempo de preparación: 30 minutos, tiempo de cocción: 15 minutos, porciones: 4

3 cucharadas de aceite de oliva
1 cebolla mediana, rebanada
1 hinojo grande, en mitades y sin el centro
2 dientes de ajo, rebanados
1 cucharadita de semillas de cilantro, molidas
1 cucharadita de semillas de comino, molidas
1 pizca de azafrán
1 pizca de canela molida
½ chile rojo, picado
400g (14oz) de jitomate de lata, picado

sal de mar y pimienta negra, recién molida
600ml (1 pinta) de caldo de pescado
500g (1lb 2oz) de filetes de pescado como salmonete o besugo, cortados en trozos grandes
2 cucharadas de perejil de hoja lisa, picado
2 cucharadas de cilantro, picado
300g (10oz) de couscous
harissa, para servir

Calentar el aceite en un sartén grande, cocer a fuego medio la cebolla, el hinojo y el ajo durante 5 minutos o hasta que la cebolla y el hinojo estén suaves. Agregar las especias y el chile, cocer durante 1 minuto. Añadir los jitomates y sazonar con sal y pimienta al gusto, dejar que suelte el hervor, reducir a fuego lento sin tapar durante 15 minutos o hasta que el líquido se reduzca y quede una salsa espesa. Añadir el caldo de pescado y hervir, reducir a fuego lento y dejar calentar durante 10 minutos. Agregar los trozos de pescado y cocer durante 5 minutos o hasta que esté cocido. Incorporar el cilantro y el perejil, revolver y dejar reposar unos minutos antes de servir. Acompañar con couscous (seguir las instrucciones del paquete) y salsa harissa al gusto.

POR PORCIÓN: 660kcal/2800kJ 40g proteínas 50g grasa-principalmente monosaturada 23g carbohidratos 11g fibra

Es excelente alimento para el principio del embarazo, cuando el cerebro y los ojos de tu bebé están desarrollándose y para el final, cuando tu requerimiento de calorías es muy alto. El hinojo es rico en potasio y folato, el pescado es rico en proteínas, vitamina D, fósforo, aceites omega-3 y vitaminas B. El couscous da fibra y energía de carbohidratos.

Es un platillo rico en proteínas, hierro, manganeso, selenio, zinc, potasio y vitaminas B

Cordero a la parrilla con apio y castañas

Tiempo de preparación: 20 minutos, tiempo de cocción: 30 minutos, porciones: 4

4 cucharadas de aceite de oliva extra virgen

1 cebolla mediana, picada

650g (1 1/3 lb) de apio nabo, pelado y en cubos de 2cm (1/4 in)

200g (6 ½ oz) de castañas, cocidas, peladas y picadas

2 dientes de ajo, picado

1 cucharada de tomillo o romero, picado

sal y pimienta recién molida

75ml (6oz) de agua o vino

4 chuletas de cordero

Precalentar el horno a 200°C/400°F. Calentar el aceite en una cacerola grande, colocar la cebolla y cocer a fuego medio durante 5 minutos, moviendo constantemente, hasta que esté suave. Añadir el apio y cocer por 15 minutos o hasta que el apio tome color café claro. Agregar las castañas, el ajo, el romero o tomillo y sazonar con sal y pimienta al gusto. Verter el agua o vino, dejar que suelte el hervor y reducir el fuego, tapar y calentar durante 15 minutos, mover ocasionalmente, para evitar que las verduras se vayan al fondo.

Para cocer las chuletas, precalentar la plancha y cocer las chuletas hasta que tomen color café, sazonarlas y meterlas al horno. Hornear de 5 a 10 minutos hasta que estén bien cocidas, voltear una vez durante la cocción. Servir las chuletas sobre la mezcla de apio. Esta mezcla también puede usarse como relleno para aves.

POR PORCIÓN: 450kcal/1893kJ 27g proteínas 30g grasa 20g carbohidratos 4-5g fibra

---

Es una excelente opción de plato fuerte para principios del embarazo, cuando se necesita ingesta de hierro y para el final, cuando los niveles de hierro disminuyen por el aumento del volumen de sangre. El hierro de la carne se absorbe mejor en presencia de la vitamina C, que proporciona el apio nabo. Tiene un rico sabor y textura de almidón, se come caliente o rebanado para ensaladas, es rico en potasio, vitamina C y fibra soluble.

Rico en proteínas, manganeso, selenio, zinc, vitamina C, folato y fibra

Langosta con ejotes y aderezo thai

Tiempo de preparación: 10 minutos, porciones: 2

1 cucharada de jengibre, rallado
½ chile verde, sin semillas y en rebanadas
1 tallo de limoncillo, picado
1 diente de ajo, picado
4 cucharadas de cilantro, picado
3 cucharadas de jugo de limón
2 cucharadas de aceite de girasol

1 cucharada de salsa de pescado (opcional)
sal y pimienta blanca
2 langostas pequeñas o 2 mitades grandes, cocidas
8 papas de cambray, hervidas
175g (6oz) de ejotes, al vapor

Poner en el procesador de alimentos el jengibre, el chile, el limoncillo, el ajo y moler hasta obtener una pasta suave. Agregar el cilantro, el jugo de limón, el aceite y la salsa de pescado, moler hasta mezclar bien. Sazonar con sal y pimienta, reservar. La mezcla puede usarse como dip para untarla sobre las langostas cocidas. Acompañar con las papas hervidas y los ejotes cocidos.

POR PORCIÓN: 262kcal/1095kJ 20g proteínas 18g grasa 5g carbohidratos 4g fibra

Es un platillo ligero ideal para las últimas semanas del embarazo –en especial si te sientes inflamada. Las hierbas y los ejotes proporcionan folato, vitamina C y fibra, la langosta es rica en proteínas y zinc.

Rico en proteínas, hierro, fibra, potasio, fósforo, zinc y vitaminas B, incluyendo B12

Brochetas de cerdo y pistaches

Tiempo de preparación: 15 minutos, tiempo de cocción:
15 minutos, rinde aprox: 16 brochetas

2 cucharaditas copeteadas de semillas de hinojo, recién molidas

2 dientes de ajo

650g (1lb 7oz) de carne de cerdo, molida

½ chile rojo, grande, finamente picado (opcional)

25g (1oz) de pan molido

2 cucharaditas de pimienta de Jamaica

50g (2oz) de pistaches tostados

sal y pimienta negra, recién molida

Remojar 16 brochetas de madera en agua fría durante 10 minutos. En el procesador de alimentos moler el ajo y el hinojo hasta obtener una masa suave. Pasarla a un tazón grande, agregar la carne, el chile, el pan molido, la pimienta de Jamaica y los pistaches. Mezclar y sazonar con sal y pimienta al gusto. Se puede refrigerar para marinar.

Con la mezcla hacer bolitas de 50g (2oz) cada una y apretarlas bien para que no se deshagan al cocer, presionar ligeramente para dar forma ovalada. Hacer 16 bolitas. Precalentar la plancha o parrilla y cocerlas de 10 a 15 minutos, hasta que la carne esté cocida. Servir con ensalada mixta, papas o arroz integral

POR PORCIÓN: 340kcal/1400kJ 36g proteínas 19g grasa 5g carbohidratos 1g fibra

El cerdo es fuente de proteínas y hierro de fácil absorción, en especial si se sirve con alimentos ricos en vitamina C, como ensaladas o jugos. Las nueces dan fibra, proteínas, vitamina E y aceites esenciales. Las semillas de hinojo proporcionan nutrientes y ayudan a la digestión.

Rico en proteínas, zinc, hierro, potasio, fósforo, vitaminas B y energía de carbohidratos

Cocido de res

Tiempo de preparación: 20 minutos, tiempo de cocción: 2-2.5 horas, porciones: 4

3 cucharadas de aceite de oliva
700g (1 ½ lb) de carne de res, en cubos de 2cm (3/4 in)
1 cebolla mediana, rebanada
30g (1 ¼ oz) de hongos porcini deshidratados, finamente picados y sumergidos en agua caliente (sólo a cubrirlos)
2 dientes de ajo, rebanados

1 cucharada copeteada de hojas de tomillo
1 cucharada copeteada de harina
500ml (18oz) de caldo de res
1 cucharada copeteada de azúcar morena
½ cucharadita de nuez moscada
1 hoja de laurel
sal y pimienta
puré de camote, para servir

Sacar los porcini del agua y colarla para eliminar cualquier residuo. Reservar ambos. Calentar el aceite en una cacerola, cocer la carne en tandas a fuego medio hasta que tome color café (si se cuece demasiada carne al mismo tiempo se reduce el calor y no se dora). Retirar la carne escurriendo el aceite. Reducir la temperatura del aceite, agregar la cebolla, los porcini, el ajo y cocer por 5 minutos o hasta que la cebolla se suavice. Añadir el tomillo y cocer revolviendo durante 1 minuto. Verter el jugo, el agua de los porcini, el azúcar, la nuez moscada y la hoja de laurel, mezclar bien para evitar que se hagan grumos. Sazonar con sal y pimienta al gusto. Dejar que suelte el hervor, reducir el fuego y calentar tapado durante 2 horas, o hasta que la carne esté suave. Después de la primera hora, verificar que el líquido no esté hirviendo y no se haya consumido mucho. Otra opción es calentar el horno a 150ºC/300ºF y hornear la carne durante 2 horas.

Servir con puré de camote. Antes de servir se coloca una rebanada de pan francés con un poco de mostaza sobre el cocido.

POR PORCIÓN: 400kcal/1700kJ 40g proteínas 22g grasa 9g carbohidratos 4mg hierro

---

La carne roja es una rica fuente de proteínas y hierro. Es una buena forma de cocer la res y puedes usar carne magra si quieres reducir la ingesta de grasa.

Rico en proteínas, beta-caroteno, potasio, fibra, vitaminas B, incluyendo folato, calcio, zinc, hierro, magnesio y vitamina C

Pollo pochado con verduras y salsa gado gado

Tiempo de preparación: 20 minutos, tiempo de cocción: 30 minutos, porciones: 4

Aderezo gado gado:
1 cebolla pequeña, picada
1 diente de ajo, picado
½ cucharadita de pasta de camarón (opcional)
½ cucharadita de chile picado fresco o seco
1 cucharada de aceite de girasol
2 cucharadas de salsa de pescado
125g (4oz) de mantequilla de cacahuate, con trozos
200ml (7oz) de leche de coco, en lata
1 cucharada de azúcar morena

25ml (1oz) de agua
3 cucharadas de jugo de limón
Ensalada:
200g (7oz) de coliflor, en troncos
200g (7oz) de zanahorias, rebanadas
200g (7oz) vaina de chícharos
200g (7oz) de calabazas zucchini, rebanadas
½ pepino, pelado, sin semillas y rebanado
1 pimiento rojo, rebanado
1 manojo de cilantro
2 filetes de pechuga de pollo, pochados o a la parrilla

Para el aderezo colocar la cebolla, el ajo, la pasta de camarón y el chile en un procesador de alimentos y formar una pasta. Calentar el aceite en un sartén de base gruesa y cocer la pasta a fuego medio durante 5 minutos, revolviendo con frecuencia para evitar que se queme. Añadir la salsa de pescado, la mantequilla de cacahuate, la leche de coco, el azúcar y el agua, mezclar bien. Dejar que suelte el hervor y calentar a fuego lento durante 20 minutos, revolver ocasionalmente para evitar que se pegue. Apagar el fuego y verter el jugo de limón.

Para hacer la ensalada cocer al vapor la coliflor y las zanahorias durante 5 minutos. Retirar y cocer al vapor los chícharos y las calabazas durante 1 minuto. Reservar las verduras para que se enfríen y se sequen. Servir las demás verduras crudas.

Colocar las verduras hervidas en un bowl, agregar el pimiento, el pepino y 4 cucharadas del aderezo de cacahuate. Revolver bien. Separar las hojas de cilantro de los tallos y picarlos. Añadir los tallos y la mitad de las hojas de cilantro a las verduras. Apilar las verduras en el centro de 4 platos, rebanar el pollo y acomodarlo sobre la ensalada. Bañar con el resto del aderezo y espolvorear las hojas de cilantro. Se sirve con cebollas caramelizadas.

POR PORCIÓN: 585kcal/2430kJ 35g proteínas 40g grasa 16g carbohidratos 7g fibra

Rica en potasio, selenio, zinc, calcio, beta-caroteno, fósforo, magnesio, folato y vitamina C. También proporciona grasas omega-3

Ensalada de naranja y betabel

Tiempo de preparación: 20 minutos, porciones: 4

100g (4oz) de nueces pecanas
100g (4oz) de berro, espinaca y hojas de betabel
250g (9oz) de betabel mediano, cocido y pelado
2 naranjas

1 cucharada de aceite de nuez o de ajonjolí
1 cucharada de aceite de oliva
1 cucharada de jugo de limón o vinagre balsámico
sal y pimienta negra, recién molida

Precalentar el horno a 180ºC/350ºF. Colocar las nueces en una charola para horno y hornear durante 10 minutos. Dejar enfriar y picar. Lavar y agitar las hojas para ensalada, acomodarlas en un plato grande. Rebanar finamente el betabel y acomodar sobre la ensalada. Quitar la cáscara y la piel blanca de la naranja, cortar y colocar los gajos sobre un bowl, verter el resto del jugo, el aceite de nuez, el aceite de oliva y el jugo de limón o vinagre balsámico y revolver. Sazonar con sal y pimienta al gusto. Bañar la ensalada con el aderezo y esparcir las nueces. Servir de inmediato.

POR PORCIÓN: 280kcal/1150kJ 6g proteínas 23g grasa 12g carbohidratos 5g fibra

El betabel es excelente para incluirlo en la dieta porque es rico en potasio, folato y vitamina C (contiene mucho beta-caroteno, calcio y hierro). Recién hervido contiene el mayor nivel de nutrientes.

Lleno de carbohidratos, potasio, vitamina C, beta-caroteno y folato, también da hierro, zinc, vitaminas B y magnesio

Pimientos con relleno vegetariano

Tiempo de preparación: 15 minutos, tiempo de cocción: 50 minutos, porciones: 6

4 cucharadas de aceite de oliva extra virgen
100g (4oz) de piñones
1 cebolla mediana, finamente picada
3 dientes de ajo, finamente picados
1 chile rojo grande, finamente picado
1 cucharadita de pimienta de Jamaica, molida
1 cucharadita de canela, molida
100g (4oz) de pasas
150g (5oz) de ejotes, finamente picados
200ml (9oz) de caldo

1 pizca de hebras de azafrán
150g (5oz) de couscous
225g (8oz) de jitomates, picados
100ml (4oz) de agua
2 cucharadas copeteadas de orégano o perejil, picado
sal y pimienta negra, recién picada
3 pimientos rojos grandes
3 pimientos amarillos, grandes
1 cucharada de aceite de oliva, y un poco extra

Precalentar el horno a 190ºC/375ºF. Para el relleno calentar el aceite en un sartén grande, añadir los piñones y la cebolla, cocer a fuego medio hasta que los piñones se doren un poco y la cebolla esté suave. Añadir el ajo, el chile, la pimienta de Jamaica, la canela, las pasas y los ejotes, y calentar un poco durante unos minutos. Sazonar con sal y pimienta al gusto, agregar el caldo y el azafrán. Cocer hasta que el caldo se evapore. Agregar el couscous, los jitomates, el agua y revolver a fuego lento durante 2 minutos o hasta que el couscous aumente de volumen. Retirar del fuego y revolver durante otro minuto, dejar enfriar. Incorporar las hierbas picadas y sazonar al gusto.

Para hacer los pimientos cortar un trozo grande de la parte superior para hacer unas tapas. Sacar las semillas y las membranas, eliminarlas. Dividir el relleno entre los pimientos y rellenarlos hasta el tope. Colocar las tapas encima. Bañar con el resto del aceite de oliva y colocarlos sobre una charola para hornear. Hornear de 30-40 minutos o hasta que los pimientos estén suaves y la parte superior esté dorada.

POR PORCIÓN: 330kcal/1390kJ 6g proteínas 30g carbohidratos 5g fibra 3mg hierro

Los pimientos se encuentran durante todo el año. Los de color rojo y amarillo son más dulces, contienen la misma cantidad de vitamina C que las naranjas y son ricos en beta-caroteno.

Proporciona proteínas, beta-caroteno, calcio, hierro, zinc, selenio, potasio, vitaminas A, B y biotina

Gnocchi de calabaza

*Tiempo de preparación: 20 minutos, tiempo de cocción:
1 hora, tiempo para reposar: 1 hora, porciones: 6*

700g (1 ½ oz) de calabaza castilla
2 cucharadas de aceite de oliva extra virgen
1 cebolla grande
3 dientes de ajo
75g (3oz) de mantequilla
1 cucharada de romero, picado
½ cucharadita de nuez moscada, rallada
50g (2oz) de queso parmesano, rallado
250g (9oz) de queso ricota

2 huevos, ligeramente batidos
100g (4oz) de harina
sal y pimienta recién molida
Para la salsa:
50ml (5oz) de aceite de oliva extra virgen
1 cucharada de romero, finamente picado
1 chile rojo grande, finamente picado
150g (2oz) de queso parmesano, rallado para servir

Precalentar el horno a 180ºC/350ºF. Pelar la calabaza y cortar en rebanadas de 1cm (1/3 in) de grueso. Forrar con papel aluminio una charola para horno y engrasar con 2 cucharadas del aceite. Acomodar la calabaza sobre la charola y sazonar bien con sal y pimienta. Hornear durante 40 minutos o hasta que se suavice. Mientras, rebanar finamente la cebolla y el ajo. Calentar la mantequilla en un sartén, agregar la cebolla y el ajo, cocer a fuego medio hasta que la cebolla esté suave y transparente. Agregar el romero y retirar del fuego. Colar la calabaza y pasarla a un bowl grande, agregar la mezcla de la cebolla y machacar hasta que la calabaza esté suave. Apartar para enfriar. Agregar la nuez moscada, el queso parmesano, el ricota y los huevos, mezclar. Incorporar el harina al final y sazonar al gusto con sal y pimienta. Tapar y refrigerar durante 1 hora o toda la noche.

Hervir agua en una cacerola grande, agregar una pizca grande de sal. Formar una bola de 1cm (1/3 in) de diámetro con el gnocchi, meterla al agua y cocerla hasta que suba a la superficie. Si tiene suficiente harina no debe separarse. Enharinar una charola o plato y hacer bolitas con el resto de la mezcla. Enharinar un poco las bolitas de gnocchi y refrigerar 10 minutos por lo menos.

Para hacer la salsa calentar ligeramente el aceite en un sartén, agregar el romero, el chile y sal, calentar durante 1 minuto. Retirar del fuego y dejar que se incorpore. Mientras, cocer el gnocchi en una cacerola de agua con sal hasta que suban a la superficie. Sacar con una cuchara coladora y secar sobre toallas de papel. Servir en un plato caliente con la salsa encima, espolvorear el parmesano.

POR PORCIÓN: 620kcal/262kJ 24g proteínas 50g grasa –la mitad es no-saturada 16g carbohidratos 2g fibra

Rico en carbohidratos, proteínas, fibra, vitaminas B, también folato y minerales

Arroz integral con lentejas y especias

Tiempo de preparación: 5 minutos, tiempo de cocción: 40 minutos, porciones: 4

100g (4oz) de arroz integral
100g (4oz) lentejas
4 cucharadas de aceite de oliva
1 cucharadita de canela, molida
1 cucharadita de cúrcuma, molida

1 cucharadita de pimienta de Jamaica, molida
25g (1oz) de mantequilla
2 cebollas medianas, en rebanadas delgadas
sal y pimienta negra, recién molida

Enjuagar el arroz y las lentejas en un colador y dejar escurrir. Calentar ligeramente 2 cucharadas del aceite en un sartén, agregar las especias y cocer durante 1 minuto. Agregar el arroz y las lentejas y cocer revolviendo para cubrir el arroz y las lentejas con las especias. Agregar la mantequilla y 400ml (14oz) de agua al sartén, tapar y dejar que suelte el hervor. Revolver la mantequilla con las lentejas y el arroz, bajar el fuego y calentar a fuego lento, tapado, durante 40 minutos.

Mientras, calentar el resto del aceite en un sartén, agregar la cebolla y cocer a fuego medio, revolviendo frecuentemente, durante 20 minutos o hasta que las cebollas se caramelicen. Sazonar al gusto. Incorporar las cebollas al arroz y las lentejas, tapar y dejar reposar por 10 minutos antes de servir. Servir con un trozo de carne o pescado asado.

POR PORCIÓN: 355kcal/1484kJ 8g proteínas 21g grasa 35g carbohidratos 3g fibra 3-5mg hierro

Es un platillo ideal para vegetarianos porque la combinación de lentejas con arroz da un equilibrio de proteínas y hierro. Servir como botana con jitomates y perejil, puedes comerlo si te sientes cansada o mareada por el embarazo, y durante las últimas semanas para aumentar tus reservas de energía para el parto.

Este platillo proporciona carbohidratos, muchas proteínas, hierro, zinc, folato, vitaminas B y fibra

Ensalada de arroz salvaje, alubias y tocino

Tiempo de preparación: 10 minutos, tiempo de cocción: 20-25 minutos, porciones: 4

100g (4oz) de alubias borlotti, remojadas en agua fría durante toda la noche
4 dientes de ajo, finamente picados
hoja de laurel
3 cucharadas de aceite de oliva
100g (4oz) de arroz salvaje

1 cebolla pequeña, finamente picada
100g (4oz) de tocino ahumado, picado
1 cucharada de salvia, picada
25g (1oz) de higos deshidratados, picados
100g (4oz) de nueces pecanas o de la India, ligeramente tostadas

Enjuagar y colar las alubias, colocarlas en una cacerola grande con agua fría y dejar que suelte el hervor. Cocinar y quitar la espuma blanca que se forma en la superficie. Agregar 2 dientes de ajo, la hoja de laurel y 1 cucharada del aceite de oliva, cocer por 45 minutos hasta que las alubias estén suaves. Colar bien.

Cocer el arroz en una cacerola de agua con un poco de sal durante 40 minutos o hasta que esté suave y colar bien. Calentar el resto del aceite en un sartén, cocer la cebolla y el tocino a fuego medio durante 5 minutos, o hasta que la cebolla esté suave y el tocino dorado. Añadir la salvia, los higos y el resto del ajo, cocer por 5 minutos, revolver periódicamente. Añadir las alubias, el arroz y las nueces, sazonar al gusto con sal y pimienta. Servir caliente con carne asada o frío como ensalada.

POR PORCIÓN: 500kcal/2076kJ 14g proteínas 35g grasa —más de la mitad es mono no-saturada y poli no-saturada 5g fibra

Es un platillo frío ideal para cuando sufras mareos. Es rico en fibra y ayuda a prevenir el estreñimiento, también es rico en carbohidratos complejos, es bueno para mantener los niveles de azúcar en la sangre al principio del embarazo y es fuente de energía para más adelante.

Rico en carbohidratos, fibra, potasio, beta-caroteno y hierro, magnesio y calcio.

Croquetas de zanahoria y chabacano

Tiempo de preparación: 15 minutos, tiempo de cocción: 40 minutos, tiempo para reposar: 1 hora, porciones: 4

3 cucharadas de aceite de oliva
1 cebolla mediana, picada
250g (9oz) de zanahorias, en mitades a lo largo y en rebanadas delgadas
250g (9oz) de camote, en rebanadas delgadas
100g (6oz) de pistaches
2 dientes de ajo, rebanados
sal y pimienta, recién molida
75g (3oz) de chabacanos deshidratados

50g (2oz) de pasas
3 cucharadas de perejil de hoja lisa, picado
3 cucharadas de menta, picada
2 cucharadas copeteadas de pan molido
1 yema de huevo
40g (1 ½ oz) de harina
300ml (11oz) de aceite de girasol, para freír
harina, para espolvorear
bio yogurt, para servir
menta picada, para servir

Calentar el aceite de oliva en un sartén, agregar la cebolla y cocer a fuego medio durante 5 minutos o hasta que esté suave. Agregar las zanahorias, el camote, la nuez y el ajo, sazonar al gusto, tapar y cocer durante 30 minutos o hasta que las verduras estén suaves y un poco caramelizadas. Destapar y cocer 10 minutos más para reducir el líquido.

Colocar los chabacanos y las pasas en el procesador de alimentos hasta que estén picadas grueso, o picarlos a mano. Agregar las verduras y picar grueso. Colocar la mezcla en un bowl grande, añadir las hierbas, el pan molido, el huevo y el harina, mezclar para incorporar bien. Sazonar con sal y pimienta. Tapar y refrigerar durante 1 hora. Hacer bolitas con la masa del tamaño de una pelota de golf, aplanarlas un poco y espolvorearlas con harina. Calentar el aceite de girasol en un sartén grande, freír las bolitas en tandas a fuego medio-alto hasta que estén doradas por ambos lados. Secar sobre toallas de papel. Servir con el yogurt mezclado con la menta.

POR PORCIÓN: 580kcal/2400kJ 9g proteínas 38g grasa –la mayoría es mono o poli nosaturada 50g carbohidratos 8g de fibra

Las frutas secas usadas en este platillo son fuente de fibra y nutrientes como hierro, beta-caroteno y potasio. Las pasas y los chabacanos deshidratados son buenas botanas porque dan energía.

Platillo rico en potasio, caroteno, vitamina K, folato y vitamina C

Coliflor y brócoli con semillas de mostaza y jengibre

Tiempo de preparación: 15 minutos, tiempo de cocción: 5-10 minutos, rinde: 4

200g (7oz) de brócoli

200g (7oz) de coliflor

3 cucharadas de aceite de girasol

2 cucharadas de semillas de mostaza

1 cucharada copeteada de jengibre, finamente picado

2 dientes de ajo

4 cebolletas, picadas

1 pizca de chile seco o ½ chile grande, picado

200ml (7oz) de agua

2 cucharadas copeteadas de cilantro, picado

Cortar el brócoli y la coliflor en troncos pequeños. Calentar el aceite en una cacerola grande o sartén con tapa, agregar las semillas de mostaza y cocer a fuego medio hasta que las semillas comiencen a reventar, tapar rápidamente. Agregar el jengibre, el ajo, las cebolletas y el chile, cocer por 1 minuto. Agregar el brócoli y la coliflor, cocer revolviendo durante 1 minuto, añadir el agua y cocer tapado por 5 minutos o hasta que las verduras estén un poco cocidas. Destapar, cocer a fuego alto para eliminar la humedad. Agregar el cilantro y mezclar. Servir con arroz hervido y carne o pescado. Se puede servir con las lentejas con arroz de las páginas 78-79.

POR PORCIÓN: 120kcal/500kJ 5g proteínas 9g grasa 4g carbohidratos 3g fibra

Es un platillo vegetariano ligero excelente para el principio del embarazo porque contiene hierro y folato. Muchas de las especias ayudan a reducir problemas digestivos y a aliviar el mareo.

Excelente mezcla de fibra, fósforo, potasio, beta-caroteno, vitaminas B, folato y vitamina C

Ensalada de zanahoria con vainas de chícharo y nueces de la India

Tiempo de preparación: 20 minutos, tiempo de cocción: 5 minutos, porciones: 4

100g (4oz) de nueces de la India
175g (6oz) de vainas de chícharos o arvejas chinas
125g (4oz) de zanahorias
150g (5oz) de col morada

Aderezo
3 cucharadas de aceite de ajonjolí
2 cucharadas de aceite de girasol
2 cucharadas de vinagre de arroz blanco o de vino blanco
1 cucharadita de jengibre, rallado o picado
1 cucharadita de salsa de soya

Precalentar el horno a 200ºC/400ºF. Colocar las nueces en una charola para horno y hornear durante 5 minutos o hasta que estén doradas. Dejar enfriar y picarlas grueso. Rebanar las vainas de chícharo o arvejas chinas a la mitad en ángulo. Cocerlas al vapor o en el microondas durante 1 minuto y dejar enfriar. Rallar la zanahoria en tiras y rebanar finamente la col.

Para hacer el aderezo colocar los aceites, el vinagre y la salsa de soya en un recipiente para ensalada y revolver. Agregar las verduras y la mitad de las nueces al aderezo y mezclar para bañar las verduras. Esparcir el resto de las nueces sobre la ensalada.

POR PORCIÓN: 300kcal/1300kJ 8g proteínas 27g grasa –la mayoría es mono y poli no-saturada 1g carbohidratos 3.5g fibra

Es un platillo ideal para los vegetarianos y durante el principio del embarazo, en especial si sufres de náusea. Las zanahorias dan una buena dosis de beta-caroteno. A menos que sean orgánicas, es mejor pelarlas antes de usarlas.

Proporciona folato, potasio, antioxidantes vegetales, vitaminas B y carbohidratos

Ensalada libanesa fatous

Tiempo de preparación: 20 minutos, tiempo de cocción: 5 minutos, porciones: 4

150g (5oz) de rábano, rebanado
150g (5oz) de jitomates pequeños, en cuartos
3 cebolletas, finamente picadas
½ pepino, pelado, sin semillas y en rebanadas
1 pimiento verde pequeño, en cuartos, sin semillas y en rebanadas
1 lechuga romana pequeña, picada
2 cucharadas de perejil de hoja lisa, picado

2 cucharadas de menta, picada
30g (1 ½ oz) de arúgula, picada
Aderezo
1 diente grande de ajo, machacado con sal
jugo de 1 limón grande
100ml (3oz) de aceite de oliva extra virgen
1 cucharada de zumaque (opcional)
sal y pimienta negra, recién molida
4 panes pitta (de preferencia integrales)

Precalentar el horno a 200ºC/400ºF. Picar las verduras en trozos pequeños y mezclarlas en un bowl.

Para hacer el aderezo colocar el ajo, el jugo de limón, el aceite de oliva y el zumaque en un bowl y revolver para mezclar bien, sazonar con sal y pimienta al gusto. Añadir las verduras al aderezo y revolver para bañarlas (puedes hacerlo 30 minutos antes para que se marinen). Colocar el pan en una charola para horno y hornear de 3 a 5 minutos o hasta que esté tostado de las orillas. Partir el pan en trozos pequeños y mezclar junto con la ensalada, las hierbas picadas y la arúgula.

POR PORCIÓN: 444kcal/1856kJ 8g proteínas 26g grasa 46g carbohidratos 4g fibra

Es una buena entrada para los meses del medio cuando tu apetito aumenta porque te deja satisfecha y no engorda. Debido a que el aderezo es de aceite de oliva aumenta tu ingesta de aceites esenciales y vitaminas necesarias durante el embarazo, y en especial al principio cuando están formándose los ojos y el cerebro de tu bebé.

Contiene potasio y microminerales como calcio, magnesio, fósforo y hierro, pequeñas cantidades de vitaminas B y vitamina C

Peras pochadas

Tiempo de preparación: 20 minutos, tiempo de cocción: 40 minutos, tiempo para reposar: 4 horas, porciones: 4

4 peras grandes, peladas
500ml (18oz) de jugo de manzana
o de pera
50g (2oz) de azúcar sin refinar
½ vaina de vainilla, partida a la mitad
1 ramita pequeña de canela

1 tallo de jengibre en conserva, rebanado o picado
1 cucharada de jarabe de jengibre (opcional)
1 pizca de cinco especias chinas
fromage frais, para servir
pan biscotti, para servir

Colocar las peras en un sartén pequeño para que estén juntas. Agregar el jugo de manzana, el azúcar, la vainilla, la canela, el jengibre, el jarabe de jengibre y las cinco especias, dejar que suelte el hervor y calentar a fuego lento. Tapar las peras con un disco de papel encerado y cocer de 20 a 30 minutos o hasta que estén suaves. El tiempo de cocción varía dependiendo de la madurez de las frutas. Retirar el sartén del fuego y voltear las peras para bañarlas por todos lados. Taparlas con el papel y dejar que se impregnen durante 4 horas o toda la noche. Servir calientes o a temperatura ambiente con fromage frais y biscotti.

POR PORCIÓN: 200kcal/840kJ >1g proteínas casi no contiene grasa 30g carbohidratos 2g fibra

---

Es un postre refrescante bajo en calorías y grasas, rico en la fibra soluble pectina y en carbohidratos. Ideal para todo el embarazo, en particular para las primeras semanas en las que prefieres una dieta con menos calorías y para los últimos meses cuando debes consumir muchas comidas ligeras.

Las peras son fuente de azúcares naturales, ricas en fibra, potasio y vitamina C, sólo contienen 70kcal. Se toleran bien, así que inclúyelas en tu dieta cuando tengas problemas por estreñimiento, indigestión o náusea.

Proporciona vitaminas A y D, algunas vitaminas B, hierro, zinc, calcio y fósforo.

Pastel de chocolate

Tiempo de preparación: 15 minutos, tiempo de cocción: 20-30 minutos, porciones: 6

200g (7oz) de chocolate oscuro, en trozos pequeños
100g (4oz) de mantequilla
100g (4oz) de azúcar
4 huevos, separados

25g (1oz) de harina
25g (1oz) de cocoa
cocoa, para espolvorear
crème fraîche semidescremada, para servir

Precalentar el horno a 180°C/350°F. Engrasar y enharinar un molde para pastel de 20cm (8in). Derretir el chocolate, la mantequilla y la mitad del azúcar en un recipiente resistente al fuego sobre un sartén con agua hirviendo, asegurarse de que la base del recipiente no toque el agua para que el chocolate no se caliente demasiado. Batir las yemas en el chocolate. Incorporar el harina y la cocoa cernidas. Batir las claras con un poco de sal en un recipiente seco hasta que formen picos suaves. Añadir el resto del azúcar y batir hasta que se incorpore. Mezclar las claras con el chocolate. Verter en el molde y hornear por 20 minutos o hasta que el centro esté firme. Dejar enfriar y espolvorear la cocoa. Servir con la crème fraîche.

POR PORCIÓN: 430kcal/1805kJ 7g proteínas 28g grasa 40g carbohidratos 2mg hierro

Este pastel es fuente de calorías cuando no estás alimentándote bien, en especial para las últimas semanas en las que necesitas calorías extra para tu bebé.

Fuente de energía de carbohidratos y de antioxidantes, calcio, vitamina C y fibra.

Mousse de grosella

Tiempo de preparación: 30 minutos,
tiempo para cuajar: 4 horas, porciones: 6

6 paquetes de gelatina (de 11g)
300-500g (10-16oz) de grosellas
100-150g (4-5oz) de azúcar extrafino,
depende de la madurez de las grosellas

150ml (4 ¾ oz) de jarabe de grosella
250ml (9oz) de yogurt griego
biscuits de mantequilla, para servir

Lavar las grosellas y secar bien, quitar y eliminar los tallos. Colocar las grosellas en un sartén, agregar el azúcar y el jarabe, revolver a fuego lento hasta que el azúcar se disuelva. Pasar la mezcla por un colador y reservar el puré. Calentar 200ml (7oz) del puré de grosella sin que suelte el hervor. Retirar del fuego, espolvorear la gelatina en polvo y mezclar hasta que se disuelva.

Incorporar 2 cucharadas del puré de grosella al yogurt, batir de manera envolvente el resto del puré y la mezcla de la gelatina ya fría. Transferir el mousse a moldes individuales, vasos o recipientes pequeños. Tapar con plástico adherente y refrigerar por 4 horas hasta que cuaje. Servir con biscuits.

POR PORCIÓN: 140kcal/590kJ 2g proteínas 3g grasa 23g carbohidratos 3-4g fibra

Por lo general, los mousses son bajos en calorías y grasa y tienen mucho sabor, son el final perfecto para cualquier comida. La mayoría lleva huevo crudo y no se recomiendan durante el embarazo, éste no lleva huevo y puede servir de base para otros mousses de frutas. Los vegetarianos pueden usar agar agar en lugar de gelatina. La grasa se reduce si usas crème fraîche semidescremada.

Contiene vitaminas B, vitaminas A y D y minerales en pequeñas cantidades.

Pastel volteado de mango y limón

Tiempo de preparación: 20 minutos, tiempo de cocción: 40 minutos, porciones: 6

2 mangos grandes, pelados, sin hueso y en tiras
2 piezas de raíz de jengibre en conserva, picadas
jugo y ralladura de 2 limones
Pastel
100g (4oz) de mantequilla sin sal, suavizada
100g (4oz) de azúcar extrafino, sin refinar

2 huevos, ligeramente batidos, a temperatura ambiente
200g (7oz) de harina
1 cucharadita de polvo para hornear
100ml (4oz) de leche
coco rallado o seco, para decorar
bio yogurt, para servir

Precalentar el horno a 180ºC/350ºF. En un recipiente mezclar el mango, el jengibre y el jugo de limón, bañar el mango con el jugo. Engrasar y forrar con papel encerado un molde para pastel de 20cm (8in) de manera que salga un poco de los lados, para evitar que el jugo salga durante la cocción. Para hacer el pastel batir la mantequilla, la ralladura de limón y el azúcar hasta que estén claras y cremosas. Añadir gradualmente los huevos, batir bien después de incorporar cada uno. Cernir el harina y el polvo para hornear e incorporarlos de manera envolvente junto con la leche. No batir demasiado o la textura será muy pesada. Acomodar las rebanadas de mango y el jengibre en la base del molde, incorporar la marinada en el pastel. Transferir el pastel al molde, sobre la fruta. Dar unos golpecitos ligeros al molde para eliminar las burbujas de aire. Hornear durante 40 minutos o hasta que un palillo salga limpio al insertarlo en el centro del pastel. Dejar enfriar durante 10 minutos antes de voltear sobre un plato para servir. Servir caliente con yogurt.

POR PORCIÓN: 370kcal/1545kJ 7g proteínas 17g grasa 48g carbohidratos 2g fibra

El mango con limón tiene un sabor delicioso y da vitamina C, potasio y fibra a este platillo. La leche, harina y lácteos añaden calcio, vitaminas liposolubles y proteínas, mientras que los huevos dan más proteínas y hierro.

Lleno de energía de carbohidratos, fibra, vitaminas B, potasio, calcio, fósforo y hierro

Pudín de fruta seca

Tiempo de preparación: 30 minutos, tiempo para reposar: 3 horas, porciones: 6

75g (3oz) de chabacanos secos, en cuartos
75g (3oz) de higos secos, en cuartos
75g (3oz) de ciruelas pasa, sin semillas y en mitades
50g (2oz) de dátiles, deshuesados y en mitades
25g (1oz) de pasas
1 manzana, pelada, sin centro y en cubos
1 pera, pelada, sin centro y en cubos
1 ramita de canela
50g (2oz) de azúcar morena

500ml (18oz) de jugo de manzana
250ml (9oz) de agua
1 bolsita de té earl grey u otro té aromático
½ ramita de vainilla, a la mitad
100ml (4oz) de jugo de pera
2 trozos de raíz de jengibre en conserva, finamente picados
25g (1oz) de almendras, enteras y peladas
12 rebanadas de pan integral, sin costras
crema, crème fraîche o yogurt, para servir

Para hacer el relleno colocar las frutas secas y las frescas en un sartén junto con la canela, el azúcar, el jugo de manzana, el té, la vainilla y el jugo de pera. Dejar que suelte el hervor, bajar a fuego lento y calentar durante 5 minutos. Retirar del fuego y añadir el jengibre y las almendras. Dejar enfriar (mientras más tiempo se deje enfriar es más fuerte el sabor). Sacar la bolsita de té, la canela y la vainilla.

Para hacer el pudín forrar un molde para pudín de 1lt (1 ¾ pintas) con plástico adherente. Mojar un lado de cada rebanada de pan en la mezcla de frutas para humedecerlo. Acomodar las rebanadas en las orillas del molde, con el lado húmedo hacia abajo, asegurándose de que las orillas de los panes queden encimadas entre sí. Colocar la fruta y el líquido en el centro del molde y cubrir la superficie con el resto del pan. Tapar con un plato pequeño que quede sobre el pan y colocarle peso encima. Refrigerar por 3 horas.

Para servir jalar con cuidado el plástico para eliminar el vacío creado por el peso. Voltear el molde sobre un plato con borde para servir. Servir con crema, crème fraîche o yogurt.

POR PORCIÓN: 355kcal/1490kJ 8g proteínas 4g grasa 57g carbohidratos 6-10g fibra

Rico en calcio, hierro, potasio, vitaminas A y D y fosforo

Pastel de queso con yogurt y jengibre

Tiempo de preparación: 20 minutos, tiempo para reposar: 2 horas, porciones: 6

500g (1 ¼ lb) de yogurt griego

255g (8oz) de galletas de nuez de jengibre (20 aprox.)

75g (3oz) de mantequilla, derretida

50g (2oz) de fruta confitada, finamente picada

50g (2oz) de piñones, picados grueso

50g (2oz) de azúcar glass

ralladura de 1 limón

ralladura de 1 naranja

canela molida, para decorar

Con un trozo grande de muselina o toalla de papel, forrar un colador y colar el yogurt sobre un bowl grande para dejar que el líquido salga del yogurt y quede espeso, similar al queso crema. Dejar colar en el refrigerador durante toda la noche o 4 horas mínimo.

Colocar las galletas de nuez de jengibre en un procesador de alimentos y moler fino. Añadir la mantequilla derretida y mezclar. Presionar la mezcla de las galletas contra las orillas y la base de un molde de 20cm (8in) hasta una altura de 4cm (1 ½ in) en las orillas. Refrigerar hasta que esté firme –tarda aproximadamente 1 hora.

Envolver la muselina alrededor del yogurt y apretar ligeramente para sacar algún remanente de líquido. Colocar el yogurt y el resto de los ingredientes (reservar un poco de piñones, frutas caramelizadas y ralladura para decorar) en un bowl y combinar bien. Esparcir la mezcla de yogurt en el molde y decorar con los piñones, la fruta y la ralladura. Refrigerar durante 30 minutos. Espolvorear un poco con canela antes de servir.

POR PORCIÓN: 440kcal/1848kJ 8g proteínas 28g grasa 35g carbohidratos 1g fibra

El jengibre y los piñones son fuente de hierro, necesario durante todo el embarazo y en especial en los meses medios, cuando aumenta tu volumen de sangre. El jengibre calma la náusea. Este platillo te proporciona el calcio y la vitamina D que requieres durante la última parte del embarazo, cuando los huesos de tu bebé están en crecimiento.

Índice

Primero publicado en 2002 por Murdoch Books UK Ltd
Pregnancy Food
Copyright © 2002 Murdoch Books UK Ltd

© 2003 Grupo Editorial Tomo, S.A. de C. V.
Comida para el embarazo
Nicolás San Juan No. 1043
Col. Del Valle
03100, México, D.F.
http://www.grupotomo.com.mx
ISBN: 970–666–711–3

Miembro de la Cámara Nacional
de la Industria Editorial No. 2961

Traductor: Lorena Hidalgo.
Diseño de portada: Emigdio Guevara
Formación: Servicios Editoriales Aguirre, S.C.
Supervisor de proyecto: Silvia Morales

Este libro se publicó conforme al contrato establecido entre
Murdoch Books UK Ltd y Grupo Editorial Tomo, S. A. de C. V.

Printed in Singapore — Impreso en Singapur